L'ÉMERGENCE ÉCONOMIQUE EN DEUX NOTIONS

SOUSSOY d'Ébène

L'ÉMERGENCE ÉCONOMIQUE EN DEUX NOTIONS

LES IMPLIQUÉS

5-7, rue de l'École-Polytechnique – 75005 Paris

www.editions-harmattan.fr

ISBN : 978-2-343-19099-0
EAN : 9782343190990

REMERCIEMENTS

Cet ouvrage n'a pas pu se réaliser sans le soutien et les encouragements d'un certain nombre de proches. C'est pourquoi, nous trouvons totalement normal, de faire figurer tout au début de ce livre, notamment de cet essai, des remerciements adressés à ceux qui nous ont apporté de près ou de loin, leurs soutien et encouragements, durant les quatre années qu'a nécessité, la réalisation des travaux liés à la publication de ce livre. Il s'agit de :

– Feu M. le Ministre d'État Théodore MEL EG

– L'honorable député Philibert Stéphane KOUDOUGNON de Cocody

– L'honorable député Djédjé Péaré de Grand-Zattry

– Le sénateur GNANZI GUEULA Anicet

– Le Président Ernest Foua de Saint-Sauveur

– Le Président Macaire ETTY de l'AECI

– M. Hervé Ayéméné

– Koffi Koffi et Le Café Littéraire "Point de Lecture"

Que l'ÉTERNEL soit remercié pour nous avoir permis de réaliser ce second essai. Saint est son nom.

SOUSSOY d'Ébène

ÉPIGRAPHE

« Un système sanitaire efficace, une éducation de qualité boostée par l'intégration des TIC et la mise en place d'un mécanisme efficace de financement des petites entreprises sont, à mon humble avis, trois leviers de sortie du sous-développement sur lesquels des actions concrètes peuvent être menées à court et moyen termes. À ces trois leviers, j'ajouterai un vecteur transversal : la bonne gouvernance. »

Rigobert Pinga Pinga[1]

---

[1] Consultant à la Banque mondiale, le Camerounais Rigobert Pinga Pinga est un spécialiste de la gouvernance, du risque et du contrôle. Il aide le Groupe Banque mondiale dans l'amélioration continue de ses processus opérationnels, comptables et financiers, à travers les missions d'audit interne et de conseil. Diplômé de l'ESSEC de Douala, Expert-comptable inscrit à l'Ordre des experts-comptables du Cameroun (ONECCA) et membre de l'institut des Experts comptables des États-Unis (AICPA), Rigobert Pinga Pinga est un jeune leader pétri d'expérience. S'il était président de la République du Cameroun, il s'attaquerait de toute urgence à l'amélioration durable du système sanitaire, à l'intégration des TIC dans l'éducation et au financement de petites entreprises.

AVANT-PROPOS

Dans de nombreuses contrées de notre monde moderne, surtout dans celles de l'Afrique, partout ce sont les mêmes mots d'ordre d'émergence économique que les gouvernants lancent comme des défis majeurs à leurs électeurs pour montrer qu'ils s'intéressent véritablement à la problématique du développement dans leurs pays respectifs. Et dans le même temps, les mutations démocratiques se déploient en Afrique, de manière générale dans des conditions de contestation et de violence rarement enregistrées dans d'autres pays. La mise en place de mesures, de règles, d'organes de décision et d'information, qui permettent d'assurer le bon fonctionnement et le contrôle de l'État, tarde à venir. Ce qui, à contrario, ne va pas en faveur de l'émergence économique, tant prônée justement par les leaders politiques.

Cet ouvrage "L'émergence économique en deux notions" dont la thématique générale repose de manière très claire, sur la question fondamentale des économies émergentes, est un travail que nous avons mené dans cet élan d'actualité en tentant quelque peu d'illustrer, si non de développer, ce qu'est l'émergence économique, et de mettre en exergue les conditions sine qua non pour l'atteindre. Il ne s'agit pas pour nous d'un ouvrage à caractère économique truffé de calculs et de données chiffrées, mais surtout, notre qualité de théoricien des politiques de l'Information et de la Communication nous permet d'envisager une œuvre qui met en lumière le concept de l'émergence économique dans une approche purement politique. Et cela pour la simple raison, qu'un pays ne peut être économiquement émergent que si la politique mise en place par le gouvernement s'assigne l'objectif de construire et de renforcer une économie qui vise l'émergence, comme c'est le cas en Côte d'Ivoire (Mais il faudra avoir le courage de souligner que le projet politique très ambitieux du Président Alassane Ouattara de faire de son pays, un pays émergent à l'horizon 2020 a totalement échoué. Il lui faudra sans nul doute fixer d'autres échéances). De ce point de vue l'on perçoit sans équivoque, que l'émergence est avant tout, dans notre vision, un projet politique. Ce qui explique l'approche purement politique de cet ouvrage, dans la mesure où il n'y a point d'économie émergente sans une politique d'État qui aspire à cela.

L'émergence économique ne concerne pas les pays développés que l'on présente sous le nom générique de "pays occidentaux", puisqu'il s'agit justement d'émerger d'une situation de sous-développement. Elle intéresse d'une manière générale tous les pays dits indigents qui pour la plupart sont situés dans le sud du globe terrestre, avec une forte concentration en Afrique.

Notre ouvrage va donc, dès lors s'adresser d'abord aux hommes politiques (pouvoir et opposition), car c'est à eux qu'il appartient de prendre les décisions idoines pour sortir leur pays et leurs populations de la pauvreté et de la précarité. Il s'adressera ensuite à l'ensemble des intellectuels de ses États dont l'instabilité économique, voire même politique, ne fait l'ombre d'aucun doute, dans la mesure où d'une manière ou d'une autre, ils constituent des groupes de pression pouvant entraîner les gouvernants à pencher pour telle décision au détriment de telle autre. Enfin, nous nous adressons à l'ensemble des populations de nos États à la santé économique et sociale bien fragile, afin de leur présenter notre vision sur les conditions sans lesquelles, il ne peut y avoir d'économie émergente. Ces populations pour lesquelles, les gouvernants sont censés œuvrer, avec pour objectif de les faire évoluer d'une situation de nécessité vers une situation d'abondance.

L'expert-comptable Camerounais Rigobert Pinga Pinga a dit à propos du sous-développement et nous le citons : « *Un système sanitaire efficace, une éducation de qualité boostée par l'intégration des TIC et la mise en place d'un mécanisme efficace de financement des petites entreprises sont, à mon humble avis, trois leviers de sortie du sous-développement sur lesquels des actions concrètes peuvent être menées à court et moyen termes. À ces trois leviers, j'ajouterai un vecteur transversal : la bonne gouvernance.* » En plus, de la bonne gouvernance, nous, nous ajouterons à ces propos de l'expert-comptable Camerounais, des exigences démocratiques sans lesquelles tout projet de sortie d'une situation de sous-développement ne serait à notre sens qu'une utopie. Dans notre entendement aucun pays au monde ne saurait être économiquement émergent dans une situation dictatoriale ou tyrannique. Ainsi, pour présenter l'émergence économique, nous avons élaboré un ouvrage qui s'articule autour de trois chapitres.

Dans le premier chapitre intitulé "La démocratie", nous la présenterons, cette démocratie s'entend, comme étant une forme d'administration politique, et nous en ferons l'historique. Le chapitre suivant qui a pour titre "La bonne gouvernance" à travers laquelle les gouvernants optent pour une gestion rationnelle, rigoureuse et efficiente des affaires de l'État. Et c'est justement pour un État dit pauvre, la conjugaison de la démocratie et de la bonne gouvernance qui à notre sens nous conduit irréversiblement vers l'émergence économique qui représente le thème principal de cet essai et le titre du troisième et dernier chapitre.

S'il est vrai que le Brésil, la Russie, l'Inde, la Chine et l'Afrique du Sud qui sont appelés BRICS selon un acronyme anglais, sont très citées comme des exemples de pays émergents, cependant il n'en demeure pas moins vrai que de nombreux autres pays tels que la Côte d'Ivoire dont l'émergence économique doit être reprogrammée tout au moins à l'horizon 2026, le Ghana, le Bénin… frappent à la porte des économies émergentes. Mais se dressent devant ces pays des obstacles liés à la démocratie et à la bonne gouvernance.

Si après avoir parcouru l'ensemble des pages de notre ouvrage, le lecteur a estimé qu'un petit coin de voile s'est enfin levé sur sa compréhension de la notion de démocratie et de celle de la bonne gouvernance, qui de notre point de vue, conduisent irréversiblement tout pays dit pauvre qui les pratique vers une émergence économique certaine, nous pensons que cet ouvrage aura atteint le but que nous lui avons assigné. À savoir permettre au citoyen Beta de savoir que sans démocratie et sans bonne gouvernance, il n'y a point d'émergence de l'économie.

Ceci précisé, nous pensons pouvoir, entrer dans le vif de notre sujet afin d'apporter notre modeste contribution dans le débat ouvert, sur la problématique de l'émergence économique à travers cette question : Quels sont les deux notions qui soutiennent l'émergence économique ? Ces réponses permettront à chacun de nous, de faire une analyse objective afin de nous permettre de savoir, si les États qui ont fait de l'émergence économique un objectif à atteindre dans un futur plus ou moins proche, en réunissent effectivement les conditions. /-

L'auteur

« La démocratie est le gouvernement du peuple, par le peuple et pour le peuple ».

Abraham Lincoln[2]

---

[2] Abraham Lincoln (le grand ami des noirs) est né le 12 février1809 dans le Comté de Hardin au Kentucky et il est mort le 15 avril 1865 à Washington, il a été le seizième Président des États-Unis. Il fut élu pour deux mandats de quatre ans, en 1860 et 1864, sans pouvoir achever ce dernier mandat, parce qu'assassiné par le sudiste Lee Harvey Oswald. Il est le premier président républicain de l'histoire du pays.

CHAPITRE I

La démocratie

Dans ce chapitre, notre démarche va consister à présenter dans un premier temps, les différentes définitions de la démocratie (I), dans un second temps, en faire l'historique (II), avant d'achever ce premier chapitre, par une présentation des caractéristiques des régimes non démocratiques (III), que nous opposerons à celles des régimes démocratiques (IV).

I. Les définitions de la démocratie

D'entrée de jeu, nous pouvons dire que de grands hommes politiques ont eu leur vision sur la démocratie. Ce fut par exemple le cas du Président français, François Mitterrand. Il a eu l'occasion d'exprimer cette vision, lors de l'ouverture du 16ème sommet des chefs d'État de France et d'Afrique à la Baule le 20 juin 1990. Il disait, et nous le citons : « *Lorsque je dis démocratie, lorsque je trace un chemin, lorsque je dis que c'est la seule façon de parvenir à un état d'équilibre au moment où apparaît la nécessité d'une plus grande liberté, j'ai naturellement un schéma tout prêt : système représentatif, élections libres, multipartisme, liberté de la presse, indépendance de la magistrature, refus de la censure : voilà le schéma dont nous disposons.* » Pour François Mitterrand, la démocratie et le développement vont de pair. « *Dans toutes les enceintes internationales, j'ai plaidé pour le développement que je considère comme un élément indissociable des progrès de la démocratie.* » Avait-il ajouté. À la suite de François Mitterrand, nous pouvons affirmer que si la démocratie est indissociable au développement, elle doit aussi être nécessairement inséparable de l'émergence économique qui précède le développement. Pour Abraham Lincoln (16ème Président des États-Unis d'Amérique), *la démocratie est le pouvoir du peuple par le peuple et pour le peuple.* Au-delà de ces deux visions des présidents François Mitterrand et Abraham Lincoln, nous avons des définitions scientifiques de la démocratie.

Dans son sens premier, la démocratie est d'abord, non pas un vain mot, mais la quintessence même d'un pouvoir : celui du peuple. Le concept est un véritable sujet à controverse, et il a connu des définitions et des applications très différentes en fonction des époques et en fonction des espaces. Le mot démocratie a désigné en tout premier lieu, un système politique. Étymologiquement, son nom proviendrait, de la langue grecque. *"Dêmos",* qui signifie peuple et "*Kratos"* qui désigne le pouvoir ou l'autorité. Lorsque l'on met ensemble les deux mots *"Dêmos"* et "*Kratos"*, cela nous donne, l'autorité ou le pouvoir du peuple.

Selon donc le Toupictionnaire[3], dictionnaire en ligne de la communication et de la politique, la démocratie est le régime politique dans lequel le pouvoir est détenu par le peuple (il s'agit du principe de la souveraineté). Comme l'affirme l'article 1er de la Déclaration des droits de l'homme et du citoyen[4]), dans une démocratie aucun individu ou groupe d'individus ne doit donc avoir de privilèges garantis par la loi. Dans une démocratie, la loi ne saurait dans aucun des cas et pour aucune raison, garantir la supériorité de certains citoyens, par rapport à d'autres. Elle se définit aussi comme un système politique dans lequel on reconnaît à une assemblée restreinte le droit de représenter un peuple, une nation ou une communauté. La volonté des citoyens est censée s'exprimer à travers ses représentants qui incarnent la

---

3 www.toupie.org

4 "Tous les hommes naissent et demeurent libres et égaux en droit".

volonté générale, qui votent les lois, qui consentent à l'impôt et qui contrôlent l'action gouvernementale. Le pouvoir s'exerçant par l'intermédiaire de représentants, ceux-ci devront par conséquent être désignés lors d'élections au suffrage universel qui doivent se tenir de façon régulière et transparente. Le suffrage universel est le vote de l'ensemble des citoyens. Les démocraties peuvent certaines fois être directes et dans ces circonstances, le peuple exerce sa souveraineté par la voie d'un référendum [5]. Dans la démocratie directe, le pouvoir est exercé directement par les citoyens sans l'intermédiaire d'organes représentatifs. Dans un pays démocratique, tous les citoyens ont le droit de participer, de près ou de loin, aux décisions qui les touchent directement ou indirectement. Pour le Petit Larousse, le mot désigne aussi les États ayant choisi ce type de gouvernement. On dira par exemple que la France est une démocratie.

La démocratie va dès lors présupposer l'existence d'une multitude d'opinions qui en règle générale sont véhiculées par les partis et groupements politiques à travers des leaders qui ont la liberté de s'opposer et de critiquer les actes gouvernementaux, ou les autres acteurs du système politique. *« Une démocratie existe donc qu'en autant qu'on y trouve une organisation constitutionnelle, de la concurrence pacifique pour l'exercice du pouvoir »* (Raymond Aron)[6].

---

[5]Un référendum est le vote direct de l'ensemble des citoyens d'un État ou d'une collectivité locale qui s'expriment sur des questions qui d'ordinaire sont dévolues au parlement. Il est initié par le pouvoir exécutif et demande aux électeurs, selon des modalités qui sont prévues par la loi de voter un projet par oui ou par non. Le projet est ainsi accepté ou rejeté par le peuple.

[6]Raymond Claude Ferdinand Aron, né le 14 mars 1905 à Paris et mort le 17 octobre 1983 à Paris, est un philosophe, sociologue, politologue, historien et journaliste français. Ami et condisciple de Jean-Paul Sartre. Il dénonce dans son ouvrage *L'Opium des intellectuels*, l'aveuglement et la bienveillance des intellectuels à l'égard des régimes communistes.

Au-delà de l'existence des partis et groupements politiques, la démocratie va réclamer la reconnaissance d'un certain nombre de libertés telles, la liberté de presse, d'association, d'expression, d'opinion... qui conditionnent la naissance d'un État de droit. Sur le plan de la culture, elle nécessite (la démocratie s'entend), la tolérance des opinions, mais surtout une acceptation de la diversité et de la différence entre les personnes et entre les populations.

De toutes ces définitions, l'on peut aisément retenir, que le terme démocratie, va lier la souveraineté au peuple, lier le pouvoir au peuple, et le peuple à travers ses représentants, va commander en décidant de tout ce qui va s'appliquer sur lui, et de tout ce qui va se faire sur son territoire. C'est de là que découle l'une des définitions la plus canonique et la plus couramment reprise par les doctrinaires en la matière, à savoir celle du Président Abraham Lincoln, 16ème Président des USA, pour lequel, « *La démocratie, est le gouvernement du peuple, par le peuple et pour le peuple* ». "Le mot démocratie est si populaire de nos jours, que toutes les forces politiques s'en réclament."[7] D'ailleurs, dans le sigle des formations politiques, la lettre D est mise soit pour Démocratique, soit pour Démocratie (en Allemagne CDU signifie, Union des Chrétiens Démocrates). Les objectifs de la démocratie consistent à établir des systèmes politiques fondés sur le pluralisme, sur l'alternance acceptée et la gestion rationnelle des ressources publiques, la stabilité et la pacification de l'espace politique et économique, ce qui favorise de gros investissements étrangers. Dès lors, il y aura lieu de corriger les dysfonctionnements voire le non-

[7]Francis Dupuis-Déri (in "Démocratie : Histoire politique d'un mot") est professeur de sciences politiques à l'Université du Québec à Montréal (UQAM). Spécialiste des idées politiques et des mouvements sociaux, il est l'auteur de nombreux ouvrages.

fonctionnement qui bloquent et disqualifient la plupart des pays les plus pauvres, de l'émergence économique.

Le terme démocratie ainsi perçu, il faudra à présent s'interroger sur son histoire.

II. L'histoire de la démocratie en quelques dates

La Grèce est le berceau de la démocratie. Son histoire remonterait à l'antiquité grecque (environ 500 av. J.-C.). Mais il faut avant tout noter que le système politique qui a prévalu en Grèce, des origines jusqu'au VIème siècle av. J.-C. fut la royauté héréditaire. Cette période fut caractérisée, par l'arrivée des rois mythiques ou légendaires comme Cécrops, premier roi mythique d'Athènes, au corps de serpent, né de la terre. C'est sous son règne qu'eut lieu, la légende de la dispute d'Athéna et de Poséidon[8] pour savoir qui donnerait son nom à la ville et la protégerait. La situation politique à Athènes, à cette époque était telle que, l'aristocratie propriétaire des terres, demandait aux paysans 83 % de leur récolte. Dans les années rudes, les paysans s'endettaient, et s'ils ne pouvaient payer leurs dettes, leurs terres sont confisquées et ils deviennent les esclaves de leurs créanciers. La démocratie prenant ses racines dans les changements engagés autour de la cité d'Athènes dans la Grèce antique autour du Ve siècle avant J.-C, il sera important, que nous en présentions ci-dessous, quelques dates importantes de sa chronologie.

---

[8] Athéna est une déesse de la mythologie grecque, déesse de la guerre et de la sagesse, fille de Zeus et de Métis. Poséidon est le Dieu de la mer, de la navigation et de la tempête. À l'issue de la dispute entre Athéna et Poséidon, Athéna devint la protectrice de la cité d'Athènes, ce qui explique clairement d'ailleurs à l'égard de cette mythologie, l'origine du nom de cette ville.

➢ En 507 av. JC, d'importantes réformes, dites de Clisthène contribuèrent à asseoir plus de démocratie à Athènes. Il s'agit de :

– L'égalité de tous les citoyens athéniens.

– La souveraineté donnée au peuple réuni dans les assemblées populaires.

- Les magistrats sont dorénavant issus de chaque tribu et en nombre égal.

➢ 1748 : *L'Esprit des lois* de Montesquieu établit les principes du régime parlementaire et de la séparation des pouvoirs.

➢ 1776 : Thomas Jefferson, Benjamin Franklin et John Adams écrivirent la déclaration d'Indépendance des États-Unis d'Amérique. Les grands principes de la démocratie moderne furent dès lors, posés : existence de droits inaliénables, le pouvoir politique est issu du peuple, tous les hommes naissent libres et égaux en droit…

➢ 1787 : La Constitution des États-Unis d'Amérique définit les contours d'une démocratie représentative assurant une société ouverte et égalitaire. Elle entre en vigueur le 4 mars 1789, elle organise les trois pouvoirs selon les idées de Montesquieu. Le pouvoir exécutif est confié à un président élu pour quatre ans, le pouvoir législatif dépendra des deux Chambres que sont la chambre des représentants et celle du Sénat, le pouvoir judiciaire quant à lui, est représenté par la Cour suprême. Le droit de vote devint dès 1800, un droit quasi universel.

➢ Le 06 juillet 1789 est en France, la date de la formation de l'Assemblée nationale constituante qui a précédé la prise de la Bastille le 14 juillet de la même année. Le 4 août suivant eurent lieu l'abolition des privilèges et la proclamation de la Déclaration des droits de l'homme et du citoyen. Le 26 août

1789, la royauté absolue fait place à une monarchie constitutionnelle.

- Le vote à bulletin secret fut introduit en 1850 en Australie puis en1890 aux USA.

- De 1881 à1984, sous la 2ème République en France, plusieurs lois sont édictées en faveur des libertés publiques : la liberté de la presse (loi du 30 juin 1881), la liberté de réunion (loi du 29 juillet 1881), la liberté syndicale (loi du 21 mars)…

- En 1890, les femmes votent dans l'État américain du Wyoming. En 1920 ce vote concernera l'ensemble des États-Unis d'Amérique.

- 1918-1819 fut la période de l'échec de la démocratisation de l'Europe. Les nouvelles démocraties en Russie et Allemagne ne tinrent pas longtemps et son très rapidement substituées en des systèmes autoritaires.

- En 1944, le droit de vote est accordé aux femmes le 21 avril et le suffrage devient alors réellement universel en France.

- De 1989 à 1991 avec l'écroulement de la suprématie soviétique en Europe de l'Est, l'on assiste à la démocratisation de la partie orientale de l'Europe, mais aussi à l'apparition du multipartisme en Afrique francophone.

Après cette présentation sommaire de la chronologie de la démocratie depuis l'antiquité grecque, il sera utile de s'attarder à présent sur les différents régimes politiques.

III. Les systèmes politiques

On appelle système politique, le mode d'organisation des pouvoirs publics. Il s'agit du mode de désignation des tenants du pouvoir, de la définition de leurs compétences, et la définition des rapports entre les différents pouvoirs. Les systèmes politiques sont le fruit des forces politiques dans un cadre défini soit par la constitution, soit par des coutumes millénaires. Il ne faut pas omettre que des facteurs historiques, culturels ou idéologiques peuvent également définir la nature des systèmes politiques. Il existe plusieurs formes de régimes politiques en fonction des peuples et en fonction des époques. Ils présentent tous des caractéristiques différentes. La royauté par exemple est un mode d'organisation des pouvoirs publics et la démocratie en est un autre. Sur cette question des régimes ou systèmes politiques, il y a lieu de mettre en opposition les systèmes politiques non démocratiques (A), à ceux démocratiques (B).

A/ Les systèmes politiques non démocratiques

Les systèmes politiques non démocratiques, qui par définition n'admettent le peuple ni dans la désignation des tenants du pouvoir, encore moins dans la gestion des affaires de l'État, sont classés généralement par la science politique, en systèmes autoritaires (a), à défaut d'être des systèmes totalitaires (b).

a) Les systèmes politiques autoritaires

Avant tout propos, il ne serait pas inutile de préciser ici qu'une personne autoritaire se définit par sa dérive de l'autorité, par sa tentative de domination des autres personnes. Le terme autoritarisme peut désigner alors, aussi bien un comportement humain, que le mode de fonctionnement d'une structure politique. Il est l'un des trois grands types de systèmes politiques avec la démocratie et le totalitarisme.

Les systèmes politiques autoritaires sont des régimes politiques qui sont qualifiés par un certain nombre d'auteurs de dictatoriaux et dans lesquels le gouvernant dispose d'un pouvoir absolu. Il s'agit d'un système politique qui se caractérise particulièrement par l'usage régulier de la violence par le pouvoir et le musellement des populations et des mass media, interdisant l'expression publique du désaccord. En outre, les masses populaires sont victimes de l'arbitraire, sans omettre d'ajouter, l'absence d'élections crédibles et ouvertes à tous. Un régime politique qui est qualifié d'autoritaire est un système de gouvernement qui par divers moyens (propagande, encadrement de la population, répression), cherche la dogmatisation, la soumission et l'obéissance de la société. Pour cela, il utilise la force au détriment de la persuasion.

Il s'agit principalement de :

1- L'aristocratie

Le mot aristocratie est issu de la langue grecque, *"aristos"* qui signifie meilleur et *"kratos"* qui désigne le pouvoir. L'aristocratie est un système de politique dans lequel le pouvoir souverain est détenu par un groupe de personnes constituant une élite d'intellectuels, de technocrates, philosophes…, c'est la classe des nobles, ce sont les meilleurs. Cela peut être une caste, une famille… Il n'est cependant pas à confondre avec la noblesse qui se fonde sur la naissance. En fonction de l'origine du pouvoir, l'on parlera d'aristocratie guerrière, foncière, financière...

Historiquement, l'aristocratie fut un régime de transition entre la monarchie et la tyrannie à laquelle succédera la démocratie. Dans l'aristocratie, la dévolution du pouvoir peut être héréditaire.

2- L'oligarchie

Le terme oligarchie tire son origine de la langue grecque, *"Oligo"*, qui signifie peu nombreux et de *"arkho"* qui lui veut dire commander. L'oligarchie est un système de gouvernement dans lequel le pouvoir étatique est exercé par un petit groupe de personnes qui forment une classe prédominante. Elle peut être une classe d'élite intellectuelle comme c'est le cas dans l'aristocratie, ou une petite classe de personnes très fortunées à l'image de la ploutocratie. Cela peut être une classe sociale, une famille, une caste. La force de leur pouvoir peut résider dans la richesse, la tradition, la force militaire, la cruauté… Les oligarques exercent le pouvoir dans leur propre intérêt au détriment des populations.

3- La ploutocratie

Étymologiquement, le mot ploutocratie, provient du grec *"ploutos"* qui veut dire richesse et de *"cratos"* qui désigne le pouvoir. Elle consiste en un système de gouvernement dans lequel la détention de la richesse est indispensable dans la prise du pouvoir politique, qui est toujours exercé directement ou indirectement par les plus riches. Ou tout au moins, ces riches jouissent d'une influence prépondérante dans l'exercice du pouvoir politique. La finance reste donc un élément central dans la ploutocratie.

4- La monarchie

La monarchie, de *"mono"*, seul, et de *"arkè"* pouvoir, est un système de gouvernement au sein duquel l'unité du pouvoir est symbolisée par une personne unique appelée le monarque ou le souverain. La monarchie n'est pas absolument héréditaire. Elle n'est pas nécessairement une royauté non plus. Il existe des monarchies constitutionnelles, dans lesquelles les pouvoirs du monarque sont définis à l'intérieure d'une constitution. À l'origine, l'on pensait que le monarque entretenait une relation avec une divinité. Ce qui accentuait la frayeur du peuple à son égard.

Il existe plusieurs variantes de monarchies au nombre desquels :

- La monarchie de droit divin, dans laquelle, les pouvoirs du monarque émanent de la volonté d'un Dieu.
- La monarchie absolue, qui octroie au monarque des pouvoirs qui sont limités en même temps par des lois fondamentales non écrites de type coutumier et des lois

divines. Dans les faits, ici le monarque détient tous les pouvoirs exécutif, législatif et judiciaire. Il est souvent assimilé à un despote, tant ses pouvoirs sont dans les faits sans limites, détenant souvent le droit de vie ou de mort sur ses sujets.

- La monarchie constitutionnelle, qui voit le souverain être limité dans ses pouvoirs par une constitution écrite.

- La monarchie parlementaire, qui est dans les faits, une monarchie constitutionnelle, dans laquelle le gouvernement est politiquement responsable devant le parlement. Le chef du gouvernement, toutefois qu'il y en a un, est également est responsable devant le parlement. Le Royaume-Uni (UK), la Belgique, l'Espagne sont des exemples de monarchies, parlementaires.

5- La royauté

Elle est une déclinaison de la monarchie. C'est un système politique dans lequel le détenteur du pouvoir, le chef de l'État porte le nom de roi. Contrairement à la monarchie dont les règles peuvent baigner dans la modernité, la royauté est imbibée de traditions. Ici, ce sont les règles coutumières qui définissent la royauté et désignent le roi. L'une des caractéristiques les plus essentielles de la royauté, est qu'elle tire sa force de la sacralité liée à la fonction de roi. D'autres particularités non moins importantes de la royauté résident dans le fait que la succession s'opère toujours au bénéfice d'une famille, d'une dynastie et le roi conserve sa fonction royale à vie. En Côte d'Ivoire par exemple, les peuples du l'est, du sud-est, du centre, et du nord, comme les Malinkés, les Baoulés et les Agnis sont régis par des rois et des reines.

Le tableau ci-dessous met en évidence les principales caractéristiques de la royauté.

Les caractéristiques essentielles de la royauté	
Le nom du chef de l'État	Le roi
Détention du pouvoir	Appartenance du pouvoir à une personne unique le roi.
Culte de la personnalité	Le roi dispose de pouvoirs divins
Durée de la fonction royale	À vie
Mode de succession	La dévolution héréditaire

Il y a lieu de bien souligner le fait que de la vague des indépendances en 1960, jusqu'en 1990 année du multipartisme en Afrique, la quasi-totalité des pays francophones de l'Afrique de l'Ouest, et d'Afrique centrale, qui sont tous d'ailleurs, des anciennes colonies françaises, répondent parfaitement aux éléments qui caractérisent les systèmes politiques autoritaires, dont voici justement quelques-uns.

➢ La confiscation totale du pouvoir d'État par un seul individu.

➢ L'existence d'un parti État, qui sera d'ailleurs le parti unique. Au lendemain de la série des indépendances en 1960, ce fut un phénomène général, dans presque toute l'Afrique. Un syndicat unique est autorisé à défendre les intérêts des travailleurs.

➢ Le culte de la personnalité, qui se manifeste par l'excessive adulation d'un chef d'État par la population, dans un système politique, essentiellement autoritaire. Le culte de la personnalité est entretenu par les médias qui présentent le chef comme un Dieu vivant à vénérer. Pour cela ils utilisent des campagnes de propagandes.

➢ L'usage de la censure qui est une limitation arbitraire ou idéologique de la liberté d'expression par une autorité quelconque. Le musellement de la presse est un des corollaires de la censure.

➢ Absence d'élections démocratiques, transparentes et ouvertes à tous.

➢ La mise en place d'un État policier caractérisé par l'usage excessif de la violence physique.

6- La tyrannie

Un tyran désigne un individu disposant d'un pouvoir absolu, après s'en être emparé de façon illégitime. Le tyran abuse de ce pouvoir en se plaçant au-dessus des lois. Le tyran éprouve une totale hostilité à l'égard du peuple qu'il asservit. En outre, ce régime se caractérise par son arbitraire, dans la mesure où le tyran exerce son autorité selon son entendement, dans la cruauté la plus absurde.

Selon le Toupictionnaire, *« La tyrannie est un pouvoir absolu, conquis illégalement par la force, après un coup d'État, usurpant l'autorité légale ».* Cette définition indique clairement que le tyran est un usurpateur de fonctions. Dans son sens moderne le plus large, le terme se rapproche plus ou moins des notions d'autocratie ou de dictature.

En France par exemple, la Marseillaise qui représente l'hymne national, combat la tyrannie.

« Allons enfants de la Patrie

Le jour de gloire est arrivé !

Contre nous de la tyrannie l'étendard sanglant est levé...

7- Le despotisme

Provenant du mot grec *despôtès* qui signifie « Maître », le despotisme est une forme de gouvernement dans lequel l'autorité est exercée par un unique individu qui règne avec un pouvoir politique absolu, et cela de manière abusive au regard des lois. C'est un état où un homme, appelé le despote, retient tout le pouvoir pour lui seul, et toutes les autres personnes sont considérées non pas comme ses esclaves, mais comme des membres de sa famille. Le terme despotisme a pendant très longtemps désigné le pouvoir qu'exerce un père sur ses enfants. Le despote agit pour le bien de sa famille que représente la nation. Au lendemain de la vague des indépendances des années 1960, en Afrique, la quasi-totalité des chefs d'État qui étaient en exercice se faisaient appeler « pères de la nation ». À ce titre, le pouvoir despotique donne une manière de conduite à suivre tel que le ferait un père envers ses enfants.

Le despotisme ne doit pas être confondu avec la tyrannie qui est un régime où seul l'intérêt du tyran compte. Le tyran se sert des sujets de façon abusive afin de satisfaire son propre intérêt, et non pour le bien collectif. Sur cette différence, Jean-Jacques Rousseau avait dit : « *J'appelle tyran, l'usurpateur de l'autorité royale et despote, l'usurpateur du pouvoir souverain* ». Le despotisme est l'une des trois formes de gouvernement avec la république et la monarchie que Montesquieu distingue dans son ouvrage « L'esprit des lois ». Pour lui, le mal absolu est le despotisme, d'où la nécessité de la séparation des pouvoirs.

8- La junte

Le mot provient de la langue espagnole "*junta*", qui signifie réunion, assemblée. Le terme désigne aujourd'hui une dictature militaire, un gouvernement formé par des officiers qui le dirigent, le plus souvent à la suite d'une insurrection suivie d'une prise du pouvoir par la force appelée coup d'État, ou putsch[9]. La junte a un caractère anti-démocratique. Elle est un gouvernement de type dictatorial, dirigé directement par l'armée. Il s'agit plus précisément d'un type de dictature militaire qui s'épanouissait en

---

[9] Mot allemand qui signifie révolte, insurrection, coup. Le putsch est un coup d'État ou un soulèvement organisé par un groupe, le plus souvent restreint de militaires afin de s'emparer du pouvoir politique en vue d'en changer le régime. Cette tentative de conquête du pouvoir s'appuie sur l'usage de la force et a un caractère inconstitutionnel. Un putsch peut réussir ou échouer.

Amérique latine (d'où l'origine du mot) et en Afrique, qui est géré par un groupement de chefs des armées.

En Afrique, les gouvernements militaires qui, en plus d'avoir été des dictatures militaires, ont également été des autocraties, qui pour la plupart étaient imposées par une personnalité puissante. Les exemples de la Côte d'Ivoire avec Robert Guéhi, de l'Ouganda avec Idi Amine Dada, de la Libye Muhammar El Khadafi, de la Guinée avec Lansana Conté et Moussa Dadis Camara, de la Sierra Léone avec Valentine Strasser, du Mali avec Amadou Aya Sanogo..., sont assez illustratifs sur la question des juntes militaires. La plupart des dictatures militaires ont été formées à la suite d'un coup d'État par lequel elles ont renversé le gouvernement précédent.

Bien qu'il existe des exceptions en fonction des continents, les régimes militaires sont souvent très peu respectueux des droits de l'homme et du citoyen. Ils utilisent tous les moyens pour réduire au silence les opposants politiques, qui sont considérés comme des entraves à leurs actions. Il y a lieu de noter ici que l'Amérique latine, l'Afrique et le Moyen-Orient sont des zones qui ont fréquemment connu des juntes.

Enfin, il conviendra de se réjouir du fait que depuis les années 2005, les dictatures militaires sont devenues moins courantes à travers le monde. Les raisons qui ont favorisé cela sont que ces juntes n'ont plus comme par le passé, autant de légitimité internationale et tous les pays s'attellent à installer en leur sein la démocratie et la prise du pouvoir par les urnes. En outre, les militaires ne s'impliquent plus dans le débat politique. Les trois dernières juntes militaires en Afrique de l'Ouest étaient celles du Mali le 22 mars 2012, avec le capitaine Amadou Aya Sanogo qui avait réussi à chasser le Président Amadou Toumany Touré du pouvoir, celle *Guinée-Bissau* le 12 avril 2012 mené par l'armée, commandée par le général Mamadu Ture Kuruma, vice-chef de l'état-major, faisant suite au premier tour d'une élection présidentielle contestée, remportée par le président sortant Carlos Gomes Júnior, et enfin celle du Burkina Faso le 17 septembre 2015 avec le Général Gilbert Diendéré, qui avait séquestré le Président de la transition Michel Kafando. Le premier et le dernier putschiste cités sont d'ailleurs dans les mailles de la Justice de leur pays.

9- La dictature

Le mot dictature est issu du vocabulaire latin « dictatura » qui désignait à l'époque de la République romaine[10], le pouvoir d'un seul homme, le dictateur (celui qui parle, qui donne son dictat). De nos jours, le mot dictateur désigne ce que l'on appelait dans un passé lointain, tyran, et dans un passé plus proche, despote. La dictature est un régime politique autoritaire établi et maintenu par la violence. Elle a un caractère illégitime et exceptionnel. Dans la plupart des cas, il s'agit d'un régime personnel, mais toutefois le parti unique, et/ou encore les armées peuvent servir de base à des dictatures institutionnelles. La dictature est un régime politique arbitraire et coercitif qui ne va pas de pair avec les libertés publiques et le principe de l'égalité de tous devant la loi.

Après la présentation des systèmes politiques autoritaires, il y a lieu de s'attarder sur les régimes totalitaires afin d'en analyser leur contenu et leur fonctionnement.

b) Les systèmes politiques totalitaires

Ils sont des régimes à parti unique et par voie de conséquence, aucune opposition n'est tolérée. Ce régime a fait ses beaux jours entre les deux guerres mondiales, où il est apparu de façon simultanée en Allemagne et en ex-URSS.

---

[10] En 1849 après la fuite du pape Pie IX, chassé par l'insurrection des libéraux romains.

En pratique, ce régime ne contrôle pas uniquement l'activité des personnes comme c'est le cas dans les dictatures. Le totalitarisme lui il installe le monopole idéologique en contrôlant les pensées par l'imposition d'une idéologie unique et celui qui s'y soustrait est considéré comme un ennemi de la nation. Dans le totalitarisme, c'est le monopole idéologique, c'est-à-dire la propagation d'une vérité qui ne souffrira d'aucune contestation et qui est imposée à toutes les personnes. Cette vérité est orientée vers la lutte contre les ennemis du régime, et le contrôle de l'ensemble des moyens de communication de masse, qui sont utilisés comme instrument de propagande. Plus qu'un dictateur, le chef est un guide. Lui seul connaît les aspirations de son peuple. De tout ce qui précède, l'on constate aisément qu'il s'agit d'un régime de terreur mis en place par le chef du parti unique et sa police politique. Les trois principaux régimes totalitaires sont le fascisme (1) le nazisme (2), et le stalinisme (3).

1) Le fascisme

Vocable provenant de l'italien *"fasci"*, qui veut dire faisceau qui fut l'emblème de l'autorité de la Rome antique, utilisé par les milices de Mussolini[11]. Ce régime est né de la crise qui a suivi la Première Guerre mondiale et mis en place par Benito Mussolini de 1922 à 1945. Ce système politique associe le populisme et le nationalisme. Le fascisme combat la démocratie et les droits individuels, au nom du peuple qui est incarné par un chef providentiel. Ce système politique embrigade les masses populaires et oppose la violence d'État aux opposants du régime de Benito Mussolini. Opposants qui sont qualifiés d'ennemis de la nation. Le fascisme se fonde

[11] Benito Amilcare Andrea Mussolini est né le 29 juillet 1883 à Dovia en Italie et mort le 25 juillet 1943 est le fondateur du fascisme. Il est président du conseil du royaume d'Italie le 31 octobre 1922 et président de la République sociale italienne de septembre 1943 à avril 1945. Il est appelé *"Duce"*, mot italien signifiant Chef ou Guide.

sur la dictature d'un parti unique nationaliste et rejette totalement la notion d'égalité et prône la hiérarchie sociale et raciale. Le fascisme fait l'apologie de la force et met l'homme au-devant de tout et décrit la femme comme servant juste à enfanter.

2) Le Nazisme (National-socialisme)

Étymologiquement, le mot nazisme provient de la contraction du mot allemand "*national sozialimus*". Il tire son inspiration du fascisme italien. Il est un régime totalitaire né en Allemagne en 1919. Il a été élaboré par Adolf Hitler[12] (der fûrher : le chef) dans son ouvrage "*mein kampf*"[13](mon combat) en 1925. Il a été mis en pratique entre 1933 et 1945. Il est fondé sur la supériorité de la race aryenne et sur l'extermination des races dites inférieures et la conquête d'un espace vital pour les Allemands.

3) Le Stalinisme

De façon étymologique, ce vocable provient du nom de Joseph Staline[14]. C'est un système politique qui a prévalu en ex-URSS durant toute la période durant laquelle Joseph Staline fut au pouvoir (de 1924 à 1953). Le stalinisme est le système dictatorial d'un parti unique, dans le cas d'espèce, le

---

[12] Adolf Hitler est né le 20 avril 1889 Autriche Hongrie et mort par suicide le 30 avril 1945 est un dirigeant Allemand figure centrale du nazisme. Il se fait plébisciter président en 1934 et délaisse ce titre pour celui de führer (guide). Sa politique anti-impérialiste, antisémitique et raciste est à l'origine de la Seconde Guerre mondiale,

[13] Mein Kampf (Mon Combat) est un ouvrage politique, autobiographique, idéologique, écrit par Adolf Hitler entre 1924 et 1925, alors qu'il était détenu à la prison de Landsberg. Il contient l'idéologie du nazisme et des réflexions sur la propagande et l'art oratoire.

[14] Joseph Staline naît officiellement le 21 décembre 1878 et meurt le 05 mars 1953. Il fut en 1929 un dirigeant incontesté du régime totalitaire de l'ex-URSS

parti communiste. Cette dictature peut être le fait d'un leader autocratique qui fait prévaloir de manière tyrannique sa volonté. Il se sert de la répression, de la terreur, de l'élimination physique, de toute forme d'opposition. Il fait de ses adversaires des traîtres de la nation et procède à leur élimination physique. Les traits suivants caractérisent le stalinisme.

– Absence de débat et d'opposition au sein de l'unique parti. Seule la position du secrétaire général, numéro un de la structure politique comptera.

– L'utilisation massive des instruments de propagande.

– L'élimination physique des opposants.

– Les jugements d'opposants dans des procès déjà perdus d'avance par ceux-ci.

– La suppression des libertés individuelles.

– Le culte du chef

– Le monopole idéologique

Qu'il s'agisse de régime autoritaire, ou de système totalitaire, aucun de ces deux modes de gouvernement ne permet l'épanouissement d'un peuple. Au contraire la population est confrontée de jour comme de nuit, à la terreur, à l'effroi et aux exactions. Et un peuple soumis à de telles réalités, aura du mal à parvenir à son éclosion.

• ***Différence entre systèmes politiques autoritaire et totalitaire***

Le régime autoritaire est un système politique conservateur, qui met un frein à l'évolution de l'ensemble de la société vers la démocratie. Alors que le régime totalitaire lui est révolutionnaire et vise à détruire la structure sociale en contrôlant les individus qui la composent, mais aussi l'État tout entier. Pour arriver à cette fin il a recours à la terreur et à l'extrême violence qui peut aller jusqu'aux purges, c'est-à-dire l'élimination physique des opposants politiques.

Dans le système autoritaire, les ennemis du régime sont violemment réprimés, toutefois les individus circulent librement ce qui du coup favorise le fonctionnement de la société. Alors que le système totalitaire prône le contrôle des pensées des individus et des individus eux-mêmes qui vont jusqu'à dénoncer certains membres de leurs propres familles eu égard à telle ou telle action, à telle pensée.

Dans le système autoritaire, la société civile, les syndicats, les organisations ont un semblant de fonctionnement. Alors que le régime totalitaire fait des citoyens, des prisonniers les uns des autres. Il y a inexistence de société civile. Les associations indépendantes sont non autorisées. Le système détruit donc la structure sociale en isolant chaque individu qui a peur d'être dénoncé par d'autres personnes.

Après avoir présenté les régimes non démocratiques, il va falloir à présent faire un aperçu des systèmes démocratiques.

B/ Les systèmes politiques démocratiques

Tout à l'inverse des systèmes non démocratiques, ceux démocratiques, pour emprunter la définition du président Abraham Lincoln, sont des gouvernements du peuple, par le peuple et pour le peuple. Le respect des libertés individuelles est de rigueur. Il y a la présence d'une pluralité de partis politiques ce qui conduit à l'alternance politique et la séparation des pouvoirs exécutif, législatif et judiciaire. La démocratie garantit les droits fondamentaux, telle la liberté d'opinions, de manifestation et d'association... Ici, la dévolution du pouvoir est de type électoral. Le peuple qui est souverain, à l'issue d'élections transparentes ouvertes à tous, délègue le pouvoir au candidat de son choix.

Le système démocratique peut-être soit parlementaire (a), soit présidentiel (b) ou une fusion des deux systèmes (c).

a) La démocratie parlementaire

C'est une démocratie qui s'appuie sur le parlement qui est composé de représentants élus par le peuple. Appelée également démocratie indirecte par opposition à la démocratie directe, ou encore démocratie représentative, la démocratie parlementaire a sa définition (a) et son histoire (b).

1 La définition de la démocratie parlementaire

Une démocratie parlementaire est un régime politique qui est fondé sur une souple séparation des pouvoirs, ce qui l'oppose au régime présidentiel dans lequel la séparation des pouvoirs est beaucoup plus rigide. Sa principale caractéristique réside dans l'équilibre entre le pouvoir législatif et celui exécutif. Mais, son nom indique clairement que le parlement est appelé à dominer. Il peut renverser le gouvernent, car celui-ci est politiquement responsable devant les parlementaires dans la mesure où l'ensemble des membres du gouvernement est issu du parti majoritaire à l'Assemblée nationale. C'est donc tout naturellement qu'ils doivent leur pouvoir à ce parlement qui a pour principale mission de voter les lois (d'où le nom de pouvoir législatif), de consentir à l'impôt et de contrôler l'action gouvernementale. Mais cette faculté de dissolution peut-être réciproque lorsque le gouvernement dispose du droit de renvoyer les députés devant les électeurs. Ce schéma va alors imposer aux deux institutions une étroite collaboration. Des États comme Israël, le Royaume-Uni (UK), l'Allemagne… fonctionnent avec des démocraties parlementaires.

2- Les débuts de la démocratie parlementaire

Les débuts de la démocratie parlementaire sont à rechercher en Suède et remontent vers 1718 date à laquelle le souverain Suédois a été contraint à renoncer à un certain nombre de ses attributions. Deux années plus tard, le couronnement de son successeur n'a été effectif que lorsqu'il a promulgué la constitution de l'État, qui fut l'un des premiers textes modernes de l'ère de la démocratie, car il établissait la soumission du roi à ses prérogatives et au parlement.

Après la définition et l'histoire du régime parlementaire, nous pouvons à présent nous interroger sur la démocratie présidentielle encore appelée régime présidentiel.

b) La démocratie présidentielle

Nous présenterons dans un premier temps la notion de la démocratie présidentielle (1), avant d'en arriver à son histoire (2).

1 La notion de démocratie présidentielle

Un régime démocratique présidentiel est un système politique qui applique une séparation stricte des pouvoirs exécutif, parlementaire et judiciaire. Mais au sein de ce système, le Président de la République qui est le chef de l'exécutif reste fort et surtout très stable. Il est élu par les citoyens de la nation au suffrage universel direct. Contrairement à la démocratie parlementaire, dans le régime présidentiel, le pouvoir exécutif n'est pas politiquement responsable devant le parlement qui ne peut renverser le gouvernement. Le pouvoir exécutif non plus ne peut dissoudre le pouvoir législatif. Et le troisième pouvoir, le judiciaire, est appelée à arbitrer les différents entre l'exécutif et le législatif.

2 L'histoire de démocratie présidentielle

Depuis leur apparition au XVIIIème siècle, les constitutions ont toujours déterminé les modalités de la prise du pouvoir, de son exercice et les relations qui existent entre les différentes institutions de l'État. En 1690, c'est John

Locke[15] qui, dans l'un de ses ouvrages traitait du pouvoir exécutif, législatif qui est bien souvent très distinct. Mais toutefois, il place le pouvoir exécutif au-dessus du législatif. Et ces deux pouvoirs doivent être dans des mains différentes.

58 ans plus tard, en 1748, Montesquieu dans son ouvrage *"l'esprit des lois"*, avait clairement stipulé que pour éviter la dictature d'un individu, il fallait absolument que les différentes fonctions de l'État (exécutive, législative et juridictionnelle), soient confiées à des personnes différentes. D'où justement sa célèbre formule *"Il faut que de par la disposition des choses, le pouvoir arrête le pouvoir"*. Delà part le principe de la séparation des pouvoirs qui a eu un écho favorable dans nombre de constitutions modernes du XVIIIème siècle, au nombre desquelles, celle de la France en 1791.

c) La démocratie semi-parlementaire

Appelée régime semi-présidentiel, ou régime semi-parlementaire, la démocratie semi-parlementaire est une catégorie de système politique qui présente des caractéristiques mixtes des deux premières démocraties citées plus haut. Le Président de la République est élu au suffrage universel direct. Il possède ses propres prérogatives et à contrario du régime présidentiel, son gouvernement a une responsabilité politique vis-à-vis du parlement. La France est un bel exemple de démocratie semi-parlementaire dans laquelle, bien qu'il y ait un président de la République, il y a également un Premier ministre qui est issu du parti majoritaire au parlement.

Selon des estimations qui ont été faites en 2005, il y aurait au total 88 démocraties dans le monde sur un total de 195

---

[15] John Locke est un philosophe anglais né le 29 août 1632, mort le 28 octobre 1704, sa théorie politique fut l'une de celles qui a fondé le libéralisme et l'État de droit. Il a influencé les écrits de Montesquieu, de Voltaire...

pays reconnus par l'ONU à ce jour (soit 45,12 % de démocratie). Ce chiffre exclut les pays qui ont des populations dont le nombre est inférieur à 500.000 habitants. L'on constate aisément à partir de ces données que le nombre de démocraties a évolué de façon significative, et ce, depuis 1946. En effet, à cette époque, on ne comptait qu'une vingtaine de démocraties sur les 72 États reconnus (soit 27.77 % de démocratie). Ce progrès est dû notamment à la fin de la Guerre froide qui a occasionné la démocratisation des pays de l'Europe de l'Est, mais aussi celle du continent sud-américain depuis la fin des années 1980, et par la suite la démocratisation d'un petit nombre de pays en Afrique après les années 1990. Les caractéristiques les plus importantes de la démocratie qu'il y a lieu de noter ici, sont :

1- L'appartenance du pouvoir au peuple

C'est le principe de la souveraineté. Mais en tout premier lieu l'on peut déjà définir la souveraineté comme la détention de l'autorité suprême, c'est-à-dire d'un pouvoir absolu dont tous dépendent et inconditionné qui ne dépend de personne. Dans les régimes despotiques, la souveraineté est le plus souvent détenue par un seul homme. Dans les démocraties, elle est détenue par le peuple constitué en un corps politique que l'on nomme, le corps électoral. On parle dès lors de souveraineté nationale.

La souveraineté nationale implique l'existence d'un régime représentatif, c'est-à-dire d'un système politique indirect dans lequel le pouvoir législatif est détenu par une assemblée parlementaire élue par le peuple constitué en corps électoral. La souveraineté nationale s'oppose à la notion de souveraineté populaire, qui implique pour sa part des mécanismes de démocratie directe comme le mandat impératif ou le référendum.

2- L'existence du pluralisme politique

Selon le dictionnaire le Toupictionnaire, le pluralisme est l'existence au sein d'un même système, d'opinions, de courants d'idées et de comportements divers en matière politique, économique, religieuse, sociale… Chacun des groupes qui composent un système pluraliste, fait alors preuve de tolérance et de respect envers les autres, permettant une coexistence harmonieuse, sans volonté d'assimilation des autres. En politique, le pluralisme est le système qui accepte la diversité des courants d'opinion, des partis politiques. Le pluralisme politique est l'un des fondements mêmes de la démocratie. Le pluralisme politique sous-entend la liberté d'expression et d'opinions. Il s'oppose au monopartisme.

3- L'existence de l'alternance démocratique

L'alternance politique est le régime politique à l'intérieur duquel des courants, des partis politiques différents se succèdent au pouvoir. C'est le cas lorsque dans le respect des règles constitutionnelles, une majorité politique est renversée par l'opposition, après des élections législatives ou présidentielles. La possibilité d'alternance politique entre parti au pouvoir et partis de l'opposition est l'une des conditions nécessaires à la démocratie.

On désigne par opposition, les partis politiques ou les mouvements n'appartenant pas à la majorité présidentielle ou parlementaire et donc s'y opposant. L'opposition a plusieurs fonctions. Tout d'abord, elle constitue un contre-pouvoir permettant d'éviter que la majorité une fois parvenue au pouvoir n'ait la tentation de mener une politique portant atteinte aux droits et libertés individuelles et collectives. L'opposition représente ensuite la possibilité d'une alternance politique en participant à l'existence du pluralisme politique, qui est une des bases de la démocratie. Ce pluralisme permet de choisir ses gouvernants. Or, il n'y a de choix véritable que si l'électeur peut se prononcer entre plusieurs candidats. Le rôle de l'opposition est donc essentiel en démocratie.

4- L'existence de la séparation des pouvoirs

Le principe de la séparation des pouvoirs stipule que le pouvoir législatif ou l'Assemblée nationale doit être indépendant du pouvoir exécutif. En Côte d'Ivoire par exemple le parlement vote la loi et consent à l'impôt. Le pouvoir exécutif n'a pas le droit de légiférer. Chaque pouvoir constitutionnel doit se confiner dans son domaine d'intervention, sans toutefois chercher à interférer dans les attributions des autres.

Le pouvoir judiciaire doit lui également être séparé du pouvoir législatif et du pouvoir exécutif. L'État doit assurer aux juges les conditions matérielles nécessaires et des garanties suffisantes pour leur permettre de bien exercer leurs fonctions. Ainsi ils peuvent accomplir leur mission en toute indépendance sans craindre pour leur travail ou même pour leur vie à cause des décisions qu'ils rendent.

5- La séparation de l'État d'avec les partis politiques

L'État devra se placer au-dessus de ces formations politiques. Ses moyens ne doivent en aucune manière être détournés au profit du parti au pouvoir. Les ministres qui exercent des responsabilités dans un parti ne devraient pas utiliser les budgets de leurs ministères pour le financement ou l'organisation des activités de leur parti. Les gouvernants doivent savoir distinguer entre leurs responsabilités d'hommes d'État et celles de membres de partis politiques. Cela est souvent difficile à réaliser certes, mais ce n'est pas impossible. La mise en place d'une législation sur l'utilisation des biens de l'État et des collectivités publiques à des fins politiques pourrait, par exemple, dissuader les gouvernants qui voudraient s'aventurer dans des détournements au profit de leurs formations politiques.

6- La mise en place du suffrage universel

Le suffrage universel est un suffrage ou le droit de vote est accordé à tous les citoyens, qui ont les aptitudes légales pour ce faire. Il s'agit, d'aptitudes liées à l'âge, à la nationalité, à la capacité juridique, à l'inscription sur la liste électorale. Le suffrage universel ne tient pas compte de la fortune, du sexe, de la race, de la profession, de la religion. Le suffrage universel donne l'occasion aux citoyens de choisir leurs dirigeants. Ici, chacun des membres du corps électoral détient une parcelle du pouvoir. Le suffrage universel s'oppose au suffrage censitaire dans lequel, seuls les citoyens s'acquittant d'un montant déterminé appelé "cens" pouvaient voter.

7- L'égalité de tous les citoyens devant la loi

Le principe d'égalité devant la loi est un principe central de la démocratie. Pour qu'il soit effectif, un autre principe et non des moindres doit être appliqué, celui de l'État de droit. Il suppose l'existence de juridictions indépendantes, compétentes pour statuer sur les conflits entre les différentes personnes juridiques en appliquant à la fois le principe de légalité, qui découle de l'existence de la hiérarchie des normes juridiques, et le principe d'égalité, qui s'oppose à tout traitement différencié des personnes juridiques. Un tel modèle implique forcément l'existence d'une séparation des pouvoirs et d'une justice indépendante aux deux pouvoirs exécutif et législatif. En effet, la justice faisant partie de l'État, seule son indépendance à l'égard des pouvoirs législatifs et exécutifs est en mesure de garantir son impartialité dans l'application des règles de droit.

Comme l'on le constate à présent, il existe plusieurs formes de régimes politiques en fonction des peuples et en fonction des époques. Mais en rapport avec la question des économies émergentes, seuls les régimes démocratiques sont en mesure à notre sens de bâtir des États émergents.

Après avoir présenté la démocratie sous ses aspects historique, définitionnel et formel, laquelle démocratie, constitue le premier pilier pour bâtir l'émergence économique, dans la mesure où nous sommes arrivés à la conclusion qu'un peuple soumis à un pouvoir autoritaire ou totalitaire ne peut prétendre à aucun épanouissement. D'où la nécessité avant de passer au chapitre suivant, de citer un certain nombre de pays de l'Ouest Africain comme le Ghana, le Mali et le Bénin dans lesquels, les changements de régime par la voie électorale sont désormais monnaie courante. Les limites des mandats présidentiels sont respectées, de même que la liberté de la presse. Les violations des droits de l'homme sont moins fréquentes et les partis politiques et la société civile participent aux débats politiques. Bref, tout ce qui est de nature à favoriser l'apparition d'économies émergentes. L'ancien Président français François Mitterrand dans son discours tenu le 20 juin 1990 à la Baule, lors de l'ouverture du 16ème sommet de la conférence des chefs d'État de France et d'Afrique avait martelé : *"Comment voulez-vous engendrer la démocratie, un principe de représentation nationale avec la participation de nombreux partis, organiser le choc des idées, les moyens de la presse, tandis que les deux tiers d'un peuple vivraient dans la misère ?"* De ce discours, nous en déduisons, que lorsque les dirigeants engagent leur pays dans la voie de la démocratie, ils doivent aussi faire en sorte que leurs différentes populations dans leur majorité ne vivent pas dans le dénuement total. C'est de là que part la nécessité de mettre en place une bonne gouvernance, ce qui constituera l'objet de notre deuxième chapitre. /-

« La bonne gouvernance est la clef de la réussite économique ».

Fonds Monétaire International[16]

[16] https://www.ifm.org

CHAPITRE II

La bonne gouvernance

La démarche consistera dans ce chapitre à appréhender la définition (I), l'histoire (II), les exigences (III) et les qualités requises pour une bonne gouvernance (IV), avant d'en présenter les principes (V) et les objectifs majeurs (VI).

I. La définition de la bonne gouvernance

« Le verbe grec kubernân qui signifie (piloter un navire ou un char) fut utilisé pour la première fois de façon métaphorique par Platon [17] *pour désigner le fait de gouverner les hommes. Il a donné naissance au verbe latin gubernare, qui revêtait les mêmes significations ».*[18]

La "bonne gouvernance" est devenue en si peu d'années un concept clé dans la vie politique nationale et internationale de certains États. Elle a plusieurs sens en fonction des contextes et des finalités recherchés. D'un point de vue purement qualitatif, les grandes institutions internationales tels le Fond Monétaire International (FMI), banque mondiale (BM), indiquent que la gouvernance est

---

[17]Platon est né à Athènes en 428/427 av. J.-C., mort en 348/347 av. J.-C est un philosophe de la Grèce antique, contemporain de la démocratie athénienne, et des sophistes, qu'il critiqua vigoureusement. Il reprit le travail philosophique de certains de ses prédécesseurs, notamment Socrate dont il fut l'élève, ainsi que Parménide, Héraclite et Pythagore, afin d'élaborer sa propre pensée qui explore la plupart des champs importants, notamment la philosophie de l'art et la politique.

[18]Canet, Raphaël. 16 mars 2004. « Qu'est-ce que la gouvernance ? » *Conférences de la Chaire MCD.* En ligne. http://www.chaire-cd.ca>

une manière laudative de gérer la chose publique dans l'intérêt de la stabilité et de la pacification de l'espace économique, politique et social, conformément à un certain nombre de règles établies. Cela est clairement stipulé dans un document publié et traduit par le FMI en 1992. ***"The manner, in which, power is exercised in the management of country's economic and social resources for development"***. De ce qui précède, il est évident qu'il n'y a pas de définition unique de la bonne gouvernance. Nous allons donc en donner quelques autres. Mais avant toute définition, il convient de remarquer que le concept lui-même transpire sa propre signification en nous donnant déjà à priori, cette idée de *"bien gouverner, de bien gérer,"*.

Selon le Toupictionnaire, dictionnaire en ligne de la politique et de la communication, la bonne gouvernance, désigne des mesures, des règles, des organes de décision et d'information, qui permettent d'assurer le bon fonctionnement et le contrôle d'un État, d'une organisation, d'une institution, qu'elle soit publique ou privée, nationale ou internationale.

Certains auteurs estiment que la bonne gouvernance est une gestion méthodologique, rationnelle, efficiente et rigoureuse des choses de l'État. Cette gestion est soumise à un certain nombre de règles très étroites. Pour d'autres, la notion est tellement vaste qu'elle englobe tous les aspects de la gestion des affaires d'un pays. Nous pouvons citer :

A/ La politique économique

Elle représente l'ensemble des interventions des administrations publiques (dont l'État, la banque centrale, et les collectivités territoriales) sur l'activité économique pour atteindre des objectifs déterminés (la croissance, le plein-emploi, la justice sociale). Ces objectifs permettent de corriger un certain nombre de déséquilibres (l'inflation, le chômage, le déficit des finances publiques, l'excès de la création monétaire). Usuellement, les économistes distinguent les politiques économiques conjoncturelles des politiques économiques en temps normal.

B/ L'État de droit

Il est un système institutionnel dans lequel la puissance publique est elle-même soumise au droit. Le juriste autrichien Hans Kelsen[19] a redéfini cette notion d'origine allemande (Rechtsstaat) au début du XXème siècle, comme un « État dans lequel les normes juridiques sont hiérarchisées de telle sorte que sa puissance s'en trouve limitée ». Le principe de l'État de droit suppose l'existence de juridictions indépendantes, compétentes pour trancher les conflits entre les différentes personnes juridiques en appliquant à la fois le principe de la légalité, qui découle de l'existence de la hiérarchie des normes, et le principe d'égalité qui s'oppose à tout traitement différencié des personnes juridiques. L'État de droit est souvent abusivement assimilé à la démocratie. Toutefois le degré de respect de l'État de droit n'est pas nécessairement lié au degré de démocratie d'un régime. En Afrique du Sud, le Président Jacob Zuma qui avait plus de 700 chefs d'accusation a été contraint à la démission en 2018 avant d'être conduit devant les tribunaux. C'est le signe que dans ce pays nul n'est au-dessus de la loi, fût-il le Président de la République.

[19] Hans Kelsen est né le 11octobre1881 à Prague sous l'Empire austro-hongrois, est mort le 19avril1973 en Californie. Il est un juriste austro-américain, d'origine juive. Dans le domaine du droit, il est le fondateur du normativisme et du principe de la pyramide des normes. Hans Kelsen prétendant décrire objectivement tout système juridique, sans faire appel à des valeurs morales extrinsèques au droit. Il enseigna au Juridicum de Vienne entre 1911 et 1929. Contraint de fuir l'Autriche en raison de son ascendance juive, il s'exila aux USA, où il donna un coup de main à la faculté de droit de l'université de Californie.

C/ L'abus de pouvoir

C'est le cas d'une personne qui, dans l'exercice de la puissance publique dépasse les limites légales de sa fonction et qui en fait un usage abusif. Les intimidations, les menaces, les harcèlements, les chantages caractérisent les abus de pouvoir. On constate à travers ces exemples, qu'il s'agit d'outrepasser les pouvoirs qui ont été confiés à une autorité pour mener des actions qui ne sont pas autorisées par les usages de la fonction.

D/ La corruption

Une personne sur quatre dans le monde aurait versé des pots-de-vin à une instance publique en 2014. C'est ce qu'il résulte d'une enquête réalisée par l'ONG Transparency internationale dans 95 pays.

La corruption met à mal la confiance de l'opinion publique vis-à-vis des pouvoirs publics. Selon Transparency International [20], dont le slogan est *« Agir contre la corruption »,* la corruption se définit comme l'utilisation abusive d'un pouvoir à des fins d'enrichissement personnelle ou d'une tierce personne. Elle consiste pour un responsable, de faire, de s'abstenir de faire, de faciliter quelque chose du fait de sa fonction en échange d'une promesse, d'une somme d'argent, d'un cadeau… Elle peut être active pour l'auteur de la corruption, ou passive pour le fonctionnaire qui l'accepte. Selon les estimations de la Banque Mondiale, la corruption a représenté entre 2001 et 2002, environ mille milliards de dollars dans le monde. Soit 3 % des échanges mondiaux. Le tableau ci-dessous, indique selon une enquête faite par

[20]Transparency International est une organisation de la société civile qui se consacre à la transparence et à l'intégrité de la vie publique et économique. Elle sensibilise l'opinion publique aux effets dévastateurs de la corruption et travaille de concert avec les gouvernements, le secteur privé et la société civile afin de développer et mettre en œuvre des mesures visant à la combattre.

Transparency International, les taux de corruption les plus élevés au monde en 2013.

Classement

Sierra Leone	84 %
Liberia	75 %
Yémen	74 %
Kenya	70 %
Cameroun	62 %
Zimbabwe	62 %
Libye	62 %
Mozambique	62 %

Taux de corruption selon l'ONG Transparency internationale (2013)

E/ Le cadre réglementaire

Il est l'ensemble des dispositions juridiques, réglementaires qui régissent une activité donnée. Il doit inspirer la confiance. Le dispositif réglementaire sert entre autres, à protéger le consommateur du vendeur, le salarié de l'employeur, le plus faible, du plus fort. Le cadre réglementaire garantit la séparation des secteurs public et privé et détermine le champ d'action de chacun.

F/ L'enrichissement illicite

Il est l'un des corollaires de la mauvaise gouvernance. Il s'agit d'un concept qui regroupe des appellations multiples et diverses. Tantôt il est occasionné en acceptant des pots de vin, d'autres fois on parlera des dessous de table. Il ne faudra pas omettre les autres formes d'enrichissement illicite que sont les fraudes sous toutes leurs formes et détournements des deniers publics. L'enrichissement illicite est un vol commis sur le dos des contribuables. Il est totalement contraire à la bonne gouvernance dans la mesure où ce sont les fonds qui doivent servir à construire le pays qui sont ainsi volés par des criminels à col blanc.

De tout ce qui précède, nous pouvons faire le constat que la bonne gouvernance est un modèle d'organisation autant sociale que politique qui lutte contre la misère des populations en favorisant le bien-être social. Qu'il s'agit d'une gouvernance qui propose de s'interroger sur les questions fondamentales visant une évolution durable des pratiques managériales traditionnelles vers des pratiques de gestion transparentes et participatives. Qui dit bonne gouvernance, forcément, dit volonté de développer.

Nous pouvons ajouter à ces définitions que la bonne gouvernance réside dans l'exercice du pouvoir politique, dans des conditions relevant de l'équité, de la responsabilité, de la transparence et de l'honnêteté. Pour le Fonds Monétaire International, *« la bonne gouvernance est la clef de la réussite économique »*. Après ces quelques éclairages sur la notion de bonne gouvernance, il y a lieu de se poser la question sur son histoire.

II. L'historique de la bonne gouvernance

On peut présenter l'histoire de la bonne gouvernance à travers trois grandes périodes. La période des années 1970 (A), la période des années 1980 (B), la période des années 1990 (C).

A/ La période des années 1970

La notion de bonne gouvernance est d'origine anglaise. Elle a été développée au tout début des années 1970, pour une gestion efficiente des entreprises privées. Ce fut une période durant laquelle bon nombre d'économistes de cette époque voyaient la bonne gouvernance comme un dispositif mis en place par les entreprises pour mener des actions en interne dans le but essentiel de réduire les coûts de transaction que génère le marché. À cette époque, la bonne gouvernance avait pour objectif de fixer de nouvelles règles de jeu entre les dirigeants des entreprises et les actionnaires. Sous la double action de la circulation accélérée des capitaux et de la mondialisation, les actionnaires exigent des dirigeants un modèle de gestion d'entreprise. Et la bonne gouvernance aiderait ainsi les dirigeants à produire des résultats meilleurs.

B/ La période des années 1980

C'est dans les années 1980 que les institutions internationales à travers l'expression *"Good gouvernance"*, vulgarisent le concept. Elles ont dès lors défini les critères d'une bonne administration publique. Ces critères sont applicables à des pays fortement endettés, afin de pouvoir juguler les crises occasionnées par ces endettements lourds. Les institutions financières internationales les incitent à appliquer ces critères de bonne administration en apportant des réformes dans la gestion des affaires de l'État, et cela en échange de financement de projets de développement et de prêts de toutes natures. Ces réformes prônent justement la bonne gouvernance, c'est-à-dire une nouvelle gestion des affaires de l'État d'une manière entrepreneuriale. Elle implique la privatisation d'entreprises publiques, la réduction du train de vie de l'État.

C/ La période des années 1990

À partir de 1990, les institutions financières internationales et les bailleurs de fonds avaient tristement constaté que trente années après les indépendances, les pays sous-développés (PSD) dans leur quasi-totalité orchestraient une mauvaise gouvernance des affaires de l'État, avec leur lot de détournement des derniers publics. Ils exigent alors des pays en voie de développement (PVD), une mise en application des conditionnalités de la bonne gouvernance, avant de pouvoir bénéficier de projets d'aide au développement. Les bailleurs de fonds ont donc fait de l'application des réformes de la bonne gouvernance par les pays pauvres, la condition sine qua non pour jouir de l'aide financière internationale. Ces pays qui sont dans la nécessité n'ont pas d'autres choix que de mettre ces mesures drastiques en application et très souvent de mauvais gré.

Après la présentation de l'historique de la bonne gouvernance, nous pouvons maintenant poser la question se rapportant à ses exigences.

III. Les exigences de la bonne gouvernance

En juin 1990, selon Edem Kodjo, ancien secrétaire général de l'Organisation de l'Unité Africaine (OUA), rebaptisée par la suite Union Africaine (UA) : *"Les Africains demandent essentiellement trois choses, la transparence, des dirigeants responsables et la participation au processus politique."* Ce qui laisse penser que la bonne gouvernance pour aboutir à ses objectifs a besoin de s'appuyer sur un certain nombre de principes démocratiques à savoir, le gouvernement par le peuple (A), le gouvernement pour le peuple (B).

A/ Le gouvernement du peuple par le peuple

Ce principe démocratique qui entre en ligne de compte dans l'application de la bonne gouvernance, tient compte de la participation des citoyens aux décisions qui sont prises par les gouvernements. Les dirigeants doivent impliquer les peuples dont ils ont pour mission de conduire vers l'émergence, à la gestion des affaires de l'État. Une unique personne, serait-elle la personne la plus intelligente du monde, ne saurait toute seule, conduire tout un peuple vers son plein épanouissement. Cela va se traduire dans les faits par une inclusion de tous les citoyens dans la gestion des affaires publiques. Il y a la société civile dont l'implication est nécessaire. Il y a les autorités coutumières et religieuses dont l'avis peut compter pour beaucoup. Il y a les bénéficiaires des actions de l'État à associer dans la prise de certaines décisions. Pour tout dire, lorsque l'on gère les biens de l'État, on n'exclut personne. Il y a lieu de procéder à des consultations populaires avant la mise en œuvre des actions en faveur des populations. À partir de là, elles pourront toutes les fois que cela est nécessaire apporter leur concours à la réalisation de l'action gouvernementale à leur faveur, ainsi qu'à l'évaluation de sa progression. Cette approche inclusive dans la gestion de la chose publique est un indicateur de bonne gouvernance et permet à l'État de réaliser des projets qui répondent parfaitement aux aspirations des différentes populations.

B/ Le gouvernement du peuple pour le peuple

Il s'agit ici de prendre en compte les intérêts des différentes populations et rien que leurs intérêts, lorsque l'on a pour mission de gérer les affaires publiques. Le groupe de mots *"les affaires publiques"* désigne d'ailleurs les affaires des populations. Donc il n'y a pas mieux à faire que d'administrer ces affaires dans leurs seuls intérêts. Il sera donc question d'identifier avec les différentes populations, leurs attentes et leurs besoins immédiats. Cette étape dépassée, il faudra alors traduire les attentes des peuples en programme de gouvernement. Car on ne peut pas vouloir œuvrer dans l'intérêt d'un peuple sans pouvoir tenir compte de ses besoins.

Cette démarche a pour mérite de dérouler des projets qui ont l'adhésion des populations, ce qui assure de ce fait à ces projets une légitimité certaine, et une durabilité dans l'utilisation des infrastructures mises à leur disposition par les gouvernants. Pour un État qui aspire à une économie émergente, la prise en compte de ces deux aspects de la démocratie, à savoir le gouvernement par le peuple et pour le peuple dans la pratique de la bonne gouvernance, va sans nul doute apporter des résultats appréciables.

Comme l'on le constate ici, la mise en œuvre de la bonne gouvernance implique certes que les dirigeants soient élus démocratiquement, mais cela n'est pas suffisant. Au-delà d'être démocratiquement élus, les dirigeants se doivent de gouverner démocratiquement. Pour ce faire, ils doivent particulièrement mettre l'accent sur :

• La bonne répartition des ressources de l'État qui a pour but d'éviter les disparités régionales.

• La Lutte contre la corruption, pour laquelle une journée internationale a été instituée chaque 9 décembre. L'application de la convention des Nations Unies contre la corruption. La prise de mesures audacieuses notamment sur le plan législatif. Ce phénomène touche tous les pays et il impacte négativement sur l'éducation, la santé, la démocratie et même sur le développement.

• L'action participative des populations qui permet aux gouvernés d'identifier, de prioriser et planifier les actions de développement local.

• L'édification d'une justice moderne et transparente.

• L'éducation civique et citoyenne qui doit être en mesure de diffuser toutes les valeurs morales que le système éducatif veut mettre en avant.

La pratique de la bonne gouvernance implique de la part des gouvernants, la culture de plusieurs qualités.

IV. Les qualités requises

Nous allons évoquer ici l'ensemble des qualités que doivent avoir les gouvernants pour orchestrer une bonne gouvernance. Toutes ces qualités relèvent de la conscience. La bonne conscience d'un dirigeant dans ses actions, engendre toujours des résultats excellents.

A/ Des dirigeants honnêtes

Il y a lieu, de souligner ici, avant tout, que lorsque l'on parle d'honnêteté d'un dirigeant, c'est presque toujours dans le domaine de la gestion monétaire, qui est le moteur de la corruption. S'il manque d'honnêteté, il sera un personnage corrompu et donc, nuisible à la société et à la bonne gouvernance. C'est pourquoi dans la gestion des biens publics, il faudra se conformer aux règles de la morale et de la vertu. L'honnêteté restera une qualité essentielle pour un gouvernement qui entend pratiquer la bonne gouvernance.

B/ Des dirigeants responsables

Lorsque l'on pratique l'honnêteté, on est de par cette honnêteté, forcément responsable. Elle implique que les gouvernants assument toutes les conséquences de leurs actes et de leurs décisions en toutes circonstances. La responsabilité est une valeur sociale qui ne doit pas manquer à un dirigeant politique.

C/ Des dirigeants soucieux des règles de l'éthique

Il s'agit d'un ensemble de principes, d'habitudes, de mœurs qui règlent la conduite des hommes dans la société. C'est aussi le respect de toutes les lois qui régissent la société tout entière dans son fonctionnement. L'éthique va indiquer aux gouvernants comment ils doivent se comporter, comment ils doivent agir entre eux, mais aussi envers les populations dont ils ont la charge de bien gouverner. Le respect des règles de l'éthique par les dirigeants politiques est un indicateur de bonne gouvernance.

La bonne gouvernance a aussi des principes rigoureux qu'il appartiendra aux dirigeants politiques de mettre en application.

V. Les principes de la bonne gouvernance

Ce sont des éléments qui entrent dans la composition et la mise en œuvre de la bonne gouvernance. Ce sont :

A/ La transparence

Elle suppose qu'il faudra, dans la gestion de la chose publique, éviter toute opacité. Il faudra également éviter toute incompréhension dans le mode de gestion. La transparence est guidée par la sincérité et par une parfaite accessibilité à l'information voulue. La transparence établi toujours une relation de confiance entre les gouvernants et les gouvernés, car elle informe le public des décisions prises et leur motivation. La transparence doit aussi être de mise sur la manière dont elles sont prises et sur les coûts réels des projets, sans surfacturation. Elle oblige le gestionnaire de la chose publique à rendre compte régulièrement et clairement de ses activités de gestion à son supérieur hiérarchique. La transparence est l'une des principales exigences de la bonne gouvernance, car elle lutte contre les détournements des deniers publics.

B/ La compétence

Elle est un savoir, un savoir-faire et un savoir-être. En général la compétence est tirée de l'expérience. C'est la capacité à occuper et à remplir correctement certaines fonctions ou tâches. Elle implique l'acquisition de connaissances dans un domaine précis. Un dirigeant politique incompétent constitue un véritable frein à la politique de la bonne gouvernance.

C/ L'efficacité

L'efficacité, c'est la production de tous les résultats recherchés, dans les délais prévus. C'est aussi la réalisation de l'ensemble des objectifs fixés dans ces mêmes délais. Ce sont des objectifs qui peuvent être quantitativement définis, mais souvent aussi qualitativement. On peut enfin définir des objectifs que l'on fixe en termes de rentabilité, de coût, ou de rapidité. Il faudra être en mesure de tous les réaliser dans les termes de leur définition pour être qualifié de dirigeant efficace. Vu sous cet angle, il est donc clair qu'un dirigeant inefficace, ralenti la progression de la société et ne mérite pas de figurer au sein d'une équipe dynamique.

D/ Le contrôle

C'est une étape très importante dans l'application de la bonne gouvernance. C'est l'évaluation régulière de la qualité et de la quantité de ce qui a été accompli comme tâche. Le contrôle informe de l'état d'avancement d'une tâche. Il permet de bien vérifier si le travail accompli, correspond à l'ensemble des critères édictés. C'est une sorte de surveillance du bon fonctionnement de la chaîne de travail qui a été mise en place pour accomplir la tâche. Le contrôle empêchera que se produisent des possibilités qui ne correspondent pas aux objectifs recherchés. Le contrôle vise donc à réduire toutes les incertitudes sur le fonctionnement du système qui a été mis en place en vue de corriger très rapidement d'éventuels dysfonctionnements.

L'absence de mécanismes de contrôle populaire occasionne les dérives tels les abus de pouvoir, l'instauration de régimes despotiques, les violations des droits de l'homme, la corruption généralisée. Les pouvoirs autoritaires ne tiennent pas leurs promesses de progrès sociaux et économiques.

VI. Les objectifs majeurs de la bonne gouvernance

Le but recherché lorsque des États pratiquent la bonne gouvernance, est celui d'aboutir à la prospérité de l'ensemble du pays. C'est aussi de garantir que chaque ressource du pays concoure au bien-être général et non à une couche particulière de personnalités déjà aisées. La bonne gouvernance doit être en mesure de protéger l'ensemble des citoyens, contre les abus de droit de l'homme en luttant efficacement contre l'insécurité sous toutes ses formes. La bonne gouvernance doit en outre croiser le fer avec la corruption qui nuit gravement à l'éclosion de la prospérité des membres de la nation dans leur ensemble.

En bref, la bonne gouvernance doit pouvoir apporter des réponses autant claires que précises, aux différentes préoccupations des populations afin de permettre à la société un développement durable, qui se conçoit comme un développement qui répond aux besoins du présent, sans compromettre la capacité des générations futures à répondre aux leurs. Un développement qui vise :

A/ L'amélioration des conditions de vie

La santé est étroitement liée aux conditions de vie des populations, et celles-ci sont fortement influencées par des facteurs économiques et sociaux comme le revenu mensuel, l'alimentation au quotidien, le logement familial, l'éducation. Il reste possible d'agir sur un ou plusieurs de ces facteurs pour améliorer les conditions de vie des populations défavorisées. Il faudra donc faire de cette amélioration des conditions de vie des couches sociales les plus indigentes, une des priorités parmi les actions à mener. Il peut être question ici de soutien à la scolarisation des enfants issus des milieux défavorisés. Il faudra apporter des solutions à long terme aux conséquences de la pauvreté en apportant un soutien aux familles les moins nanties par l'aide à la mise en œuvre d'activités génératrices de revenus (AGR). La réalisation d'adduction d'eau permet aux populations de préserver au mieux leur santé.

B/ La réponse aux besoins immédiats des populations

Les dirigeants se doivent de répondre aux besoins immédiats des populations, c'est-à-dire, à ceux qui touchent directement à leurs conditions de vie au quotidien. Et l'un des besoins les plus vitaux de l'homme est d'avoir un accès facile à l'eau potable. Les différentes populations doivent pouvoir bénéficier d'une alimentation saine. Il faudra faire venir de l'eau consommable là où vivent des peuples afin de leur éviter de boire des eaux infectées. L'assainissement constitue un besoin au quotidien des hommes. Elle permet de vivre en bonne santé dans un environnement sain. Il ne s'agit pas ici de citations exhaustives, mais de simples exemples auxquels l'on peut ajouter l'hygiène, le développement de moyens de subsistances durables…

C/ La réalisation d'actions d'anticipation

Poser des actions d'anticipation sur le futur, de manière à conserver les exigences de la vie, pour les générations à venir. Cela suppose la préservation de la nature qui est le bien commun à tous les hommes. Outre l'aspect économique et social, l'on perçoit aisément que la bonne gouvernance prend en compte des aspects environnementaux. Les gouvernants devront ici répondre aux besoins des générations présentes sans pour autant compromettre la capacité des générations à venir à répondre à leurs propres besoins dans l'avenir.

Il convient d'affirmer ici, que les plus grandes entraves à la bonne gouvernance ont aujourd'hui pour nom la corruption, la violence et la pauvreté des populations. Ce sont ces fléaux qui compromettent dangereusement la transparence, la sécurité, la participation et les libertés fondamentales. Il appartient aux différents États de croiser le fer avec la totalité de ces maux sociaux. Ci-dessous, les tableaux des indicateurs de la pauvreté et mesure de la pauvreté.

Facteurs économiques	Facteurs sociaux éducatifs
Revenu monétaire	Alphabétisation des adultes
Accès routier	Santé
Accès à l'électricité	Mortalité infantile
Accès à l'eau potable	Malnutrition
Traitement des déchets	Éducation primaire des enfants

Les indicateurs de la pauvreté[21]

Indicateurs	Mesures
Facteurs économiques et d'infrastructures	
Revenu monétaire	Moins de US$ 1 par jour
Accès routier	Possible toute l'année (Oui / Non)
Accès à l'électricité	% population locale (village)
Accès à l'eau potable	% population locale (village)
Traitement des déchets	Système d'évacuation familial (% de population locale concernée)
Facteurs sociaux éducatifs	
Alphabétisation des adultes	% population adulte (village)
Éducation primaire des jeunes	% jeunes scolarisés (primaire)
Santé	% population atteinte (paludisme)
Mortalité infantile	% des naissances
Malnutrition	Nombre de calories disponibles

Indicateurs et mesure de la pauvreté[22]

C'est par conséquent, dans le processus de combinaison, démocratie-bonne gouvernance, que se construit pour

---

[21] httpt://etudescaribeennnes.revues.org/docannexe/image/6514/img-1-small580.j

[22] httpt://etudescaribeennnes.revues.org/docannexe/image/6514/img-2-small580.j

chaque pays les sentiers qui mènent à une économie émergente. Ainsi, à l'instar de certains pays occidentaux dans lesquels la démocratie est fortement implantée, les pays pauvres s'attellent eux aussi à asseoir une pareille république. En outre, la mise en route de la bonne gouvernance reste pour ces pays un leitmotiv. À partir de cet instant, rien ne s'opposera à l'avènement d´une société émergente, d'un pays émergent dont les fondements sont solides, et dans lequel les populations vivent dans des conditions qui sont de plus en plus améliorées.

En peu de mots, qu'est-ce que la bonne gouvernance ? C'est simplement la combinaison de la transparence de l'action publique, du contrôle de la corruption, de l'instauration de la démocratie et de l'État de droit. À cela s'ajoute évidemment, la stabilisation macro-économique. La "bonne gouvernance" s'est imposée comme une condition sine qua non des politiques de développement depuis près de trois décennies.

C'est dans cette vision, que nombre de pays pauvres, depuis l'apparition de la notion de Bonne Gouvernance comme gage d'une gestion efficiente des affaires et des finances publiques, ont essayé de mettre en œuvre d'importantes politiques en vue de s'adapter aux exigences actuelles de la transparence et de l'émergence économique. Cette émergence de l'économie qui en plus de faire l'objet du troisième chapitre, est la thématique même de cet ouvrage. /-

« Le but de toute Nation est d'accéder au stade de développement intégral et de permettre à chacun de ses citoyens de vivre la vie qui a de la valeur à ses yeux ».

Amartya Kumar Sen[23]

[23] Amartya Kumar Sen est un économiste indien né en 1933, spécialiste des problématiques de la pauvreté et du développement. En 1998 il a reçu le prix Alfred Nobel d'Économie pour sa contribution à l'économie du bien-être. Il a enseigné à l'Université d'Harvard aux USA.

CHAPITRE III

L'émergence économique

Les économistes ont toujours eu cette tendance à séparer de façon traditionnelle les nations du monde en deux groupes : le groupe des pays développés et celui des pays en voie de développement (les tiers-mondistes). Un sous-groupe des pays les moins avancés a été par la suite mis en lumière au sein même des pays en voie de développement. Il s'agira des pays les plus pauvres parmi les pauvres et ces États sont caractérisés par un revenu par tête d'habitant très faible. Toujours parmi les pays sous-développés un autre sous-groupe des pays pauvres très endettés (PPTE) a été récemment mis en exergue. Dans les années 80, les concepts de pays émergents et de marchés émergents ont fait leur apparition dans le vocabulaire économique, concept désignant les pays les plus dynamiques parmi ceux en voie de développement et les mieux intégrés dans l'économie désormais mondialisée, sans qu'une définition exacte et universelle ne soit élaborée pour ce groupe de mots "pays émergents". Ce qui occasionne une foultitude d'explications en fonction des sources.

S'il est un peu complexe de définir l'émergence économique, les tentatives de définition de pays émergent, ou d'économie émergente, pourront cependant aider à mieux appréhender cette notion d'émergence économique afin d'en vider le contenu (I), d'en présenter l'historique et l'évolution du concept (II), d'opérer une typologie des pays du monde (III), avant de finir avec les indicateurs de l'émergence économique (IV).

I. La définition de pays émergent

Tout d'abord, selon le dictionnaire le Littré, émerger, c'est *"Être soulevé par une force centrale au-dessus du niveau de la mer"*. Le dictionnaire Le Petit Robert pour sa part défini le mot émerger en ces termes : "Sortir d'un milieu où l'on est plongé, de manière à apparaître à la surface". Ces définitions appliquées à la thématique de cet ouvrage, on peut aisément concevoir qu'un pays économiquement émergent est celui dont l'économie est nettement au-dessus du niveau des autres pays en voie de développement.

Les notions de pays émergents et d'économies émergentes sont ici, des termes interchangeables. La notion de pays émergents ne provient pourtant pas de définitions économiques. Sa compréhension tend à varier d'un auteur à un autre. On peut cependant dire que les pays émergents sont des États qui ne font pas partie des pays sous-développés (PSD) et qui se rapprochent petit à petit des pays développés, ce qui laisse entendre qu'ils ne font pas non plus partie des pays développés. L'émergence économique peut être perçue comme le passage d'une situation de pays sous-développés, vers une situation intermédiaire, situation se rapprochant de celle des pays développés. L'émergence économique traduit le progrès d'une société en constante mutation. Elle est un processus continu et irréversible d'accumulation de richesses et d'amélioration du niveau de vie des populations. C'est par exemple la création de grandes industries, des échanges commerciaux avec tous les autres États du monde, la création de biens et services. …

Une économie émergente va dès lors se caractériser par un revenu intermédiaire supérieur à celui des pays sous-développés, mais inférieur aux revenus des économies des pays développés. Elle va se traduire par une ouverture économique à l'ensemble du monde, et par des transformations structurelles et institutionnelles audacieuses et de grande ampleur avec un fort potentiel de croissance. D'où la nécessité de démocratisation à outrance, car l'émergence économique implique un rattrapage progressif du niveau de vie occidental, tant les écarts entre pays développés et pays sous-développés sont très considérables. Des écarts qui somme toute, sont plus ou moins liés à la variation fréquente des prix des matières premières. Lorsqu'un pays est en situation d'émergence économique, trois principaux critères sont à prendre en considération, à savoir : les réformes judiciaires et institutionnelles qu'il met en œuvre, son passage d'une production rurale pour ne pas dire archaïque, à une production industrielle, l'ouverture de ses produits et services au marché mondial. Quelques fois en lieu et place de pays émergents, il n'est pas rare d'entendre l'expression, nouveaux pays industrialisés. Sans toutefois occulter toute la polémique qui se déploie autour de ces concepts, car certaines sources indiquent bien que les nouveaux pays industrialisés sont notamment, Taïwan, Hong Kong, la Corée du sud, Singapour, nommés également les quatre dragons d'Asie.

II. Historique du concept

Les économistes séparent généralement les nations du monde en deux groupes bien distincts : le groupe des pays développés et celui des pays en voie de développement (les tiers-mondistes). Récemment, les mots "pays émergent" et "marché émergent" ont eux aussi vu le jour dans le vocabulaire des économistes. Ces mots désignent les pays les plus dynamiques parmi ceux classés en voie de développement. Ils sont les mieux intégrés dans l'économie qui est désormais mondialisée. Toutefois, aucune définition exacte à caractère scientifique n'a été élaborée pour servir ne serait-ce que de définition de base.

C'est finalement la croissance des marchés boursiers dans les pays en voie de développement au cours des années 1980, qui a occasionné l'utilisation pour la première fois de ce terme par Antoine Van Agtmael [24], un économiste néerlandais travaillant à la Société Financière internationale (SFI), pour désigner les pays en développement offrant de sérieuses opportunités pour les investisseurs, sans pour autant en présenter une liste. Il s'agissait à l'époque de l'utilisation de concept "marchés émergents" qui par la suite a vu la popularisation du terme en le rebaptisant "économies émergentes" ou "pays émergents".

En 2001, un acronyme, BRIC apparaît pour désigner le Brésil, la Russie, l'Inde et la Chine comme les nouveaux pays à économie émergente. Dix années plus tard en 2011 l'Afrique du Sud (South Africa) est ajoutée à cette liste de pays émergents et l'acronyme deviendra par la suite, BRICS. Ces cinq pays se retrouvent souvent lors de certains colloques et ils ont pour ambition de contrebalancer la puissance économique du G20[25]. Mais il y a lieu de souligner ici, que depuis l'année 2012, cet acronyme BRICS, semble quelque peu dépassé, car nombreux sont les pays, dont la Côte d'Ivoire (un pays potentiellement émergent), qui frappent à la porte des économies émergentes. Aussi,

---

[24] Antoine Van Agtmael est un économiste néerlandais à la SFI (filiale de la Banque mondiale), a été en 1981, le premier à utiliser l'expression "émergent" au sujet des pays en voie de développement offrant des opportunités pour les investisseurs. Il a parlé de marchés émergents et le qualificatif s'est par la suite appliqué aux économies de ces pays.

[25] Le Groupe des vingt (G20) est composé de dix-neuf pays et de l'Union européenne dont les ministres, les chefs des banques centrales et les chefs d'État se réunissent régulièrement. Il a été créé en 1999 et vise à favoriser la concertation internationale. Il représente 85 % du commerce mondial, 66 % de la population mondiale et plus de 90 % du produit mondial brut (somme des PIB de tous les pays du monde). Le G20 se réunit sous des formes différentes : les G20 regroupant des chefs d'État et de gouvernement, les G20 finance regroupant les ministres des Finances et les gouverneurs des banques centrales.

d'autres pays comme le Mexique sont dans un certain nombre de sources des pays émergents, sans les ajouter à l'acronyme BRICS. De nos jours une soixantaine de pays sont qualifiés de potentiellement émergents et sont donc candidats à l'émergence économique. Nous pourrons citer entre autres, l'Indonésie, la Turquie, l'Argentine… Mais toute fois il faut noter que c'est bien l'émergence économique des BRICS qui a encouragé plusieurs autres pays à se fixer comme objectif stratégique et politique, d'avoir des économies émergentes.

Bien qu'elle ne réponde à aucune définition économique, l'émergence est ressentie un peu partout au sein des pays en développement comme une préoccupation politique. En Côte d'Ivoire par exemple, c'est en 2010, lors des campagnes électorales présidentielles d'octobre et novembre, que le candidat Alassane Ouattara, devenu Président de la République par la suite, a vulgarisé le concept, en l'utilisant comme projet de société d'abord, et programme de gouvernement ensuite. *« Faire de la Côte d'Ivoire, un pays émergent à l'horizon 2020 ».* Tels étaient les propos qu'il martelait à l'époque de sa campagne présidentielle. Et ce projet est resté pour lui et pour la Côte d'Ivoire un échec. Peut-être que c'était pour lui, juste un slogan politique. Quant à la Guinée du Président Alpha Condé. L'émergence économique en 2040 est un projet raisonnable. C'est ainsi que nombre de dirigeants dans leurs pays respectifs, font de l'économie émergente, un leitmotiv, un impératif politique à atteindre.

III. La typologie des États

Cette typologie des pays du monde s'opère en fonction de la place qu'ils occupent dans l'économie mondiale et dans la mondialisation[26].

[26] La mondialisation ou (globalization en anglais) est le processus d'ouverture de toutes les économies nationales sur un même marché

Les économistes des institutions financières internationales se serviront ici des indicateurs économiques pour aboutir à cette classification. Cette division du monde en pays développés et pays sous-développés a connu une reclassification. Mais apparemment cette évolution ne s'est opérée que dans les rangs des pays sous-développés. En outre, cette autre classification n'est pas véritablement absolue. C'est pourquoi il ne sera pas rare de voir un même pays classé dans plusieurs de ces catégories.

A/ Les pays développés

Les pays développés, sont ceux dans lesquels la grande majorité de la population a accès à tous ses besoins vitaux. À cela s'ajoutent le confort et l'éducation. Par le passé, on estimait que tous ces pays devraient avoir un très fort PIB. Mais aujourd'hui, l'on raisonne à partir de l'indice de développement humain (IDH). Les USA, la France, l'Allemagne, le Japon, le Royaume-Uni..., sont des exemples de pays développés.

B/ Les pays sous-développés

On parle de pays sous-développés, ou de sous-développement d'un pays, toutes les fois que la situation économique et sanitaire de ce pays est mauvaise. Mais il convient de reconnaître que ce vocable de pays sous-développés n'est plus usité comme par le passé. Il est substitué à lui, le terme plus poli et plus politiquement correct de pays en voie de développement. La liste est très longue, mais on pourrait toutefois citer entre autres le Niger, la Côte d'Ivoire avec ses 23.295.302 habitants selon le dernier recensement de 2015, le Pérou. ...

---

devenu planétaire. Elle est favorisée par la fluidité des mouvements financiers, le développement des moyens de transport, des moyens de télécommunication... Ce sont les échanges entre tous les individus de la terre qui devient un village planétaire.

C/ Les pays les moins avancés

En 1971, l'Organisation des Nations Unies (ONU) décide de créer une catégorie de pays, que l'on appelle les pays les moins avancés, mais qui sont dans les faits, les plus pauvres de la planète. Socialement et économiquement, ils sont les moins développés de la terre. Ils ont les indices de développement humain les plus faibles au monde. Et c'est d'ailleurs pourquoi ils doivent obtenir l'attention de toute la communauté internationale. Ils sont au nombre de 48 et pour la grande part, ces pays sont localisés en Afrique. Il ne serait pas inutile d'en citer ici quelques-uns comme l'Haïti, la Guinée, le Rwanda, l'Ouganda, la Gambie. …

Il convient toutefois de noter que les PMA ne constituent pas une catégorie distincte de pays : la plupart des PMA sont des pays en voie de développement, c'est-à-dire, des pays qui sont déjà engagés dans un processus de développement ; en témoigne l'évolution de leur IDH. Ils présentent néanmoins un développement économique inférieur à celui des autres pays en voie de développement, ce qui justifie leur inclusion dans la liste des PMA. Par exemple en 2013, le Tchad est classé quatrième pays le moins développé au monde par les instances du FMI et de la Banque Mondiale, tenant compte bien entendu de ses performances économiques pour ne pas parler de ses contre-performances économiques.

D/ les PPTE

L'initiative pays pauvres très endettés (PPTE, HIPC *Heavily Indebted Poor Countries* en anglais), est une décision qui a pour objectif d'assister les pays les plus pauvres du monde en rendant leurs dettes internationales « soutenables ». Il s'agit donc d'un ensemble de pays qui sont lourdement endettés et la faiblesse de leur économie n'a plus la capacité d'effectuer un quelconque remboursement de ces dettes multilatérales. C'est d'ailleurs pour cette raison que les créanciers parlent de "Rendre leurs dettes soutenables". Dans la réalité, aucune autre alternative ne s'offre aux créanciers que la renonciation à une partie de la créance ou à toute la créance, mais sous certaines conditions. Ce programme a été mis en œuvre de façon concomitante par le Fonds monétaire international (FMI) et la Banque mondiale en 1996. L'initiative a enregistré sa première révision trois années plus tard, en 1999 (Initiative PPTE renforcée). La réduction de la dette multilatérale dépend en principe des efforts dans la lutte contre la pauvreté des pays concernés. Le programme PPTE concernait au total 42 pays en septembre 2006, dont 75 % sont situés en Afrique subsaharienne.

Pour qu'un pays soit éligible à l'initiative PPTE, un certain nombre de conditions doivent être réunies, au nombre desquelles : faire face à un niveau d'endettement insoutenable, avoir parfaitement mis en œuvre des réformes et de saines politiques économiques dans le cadre de programmes soutenus par le FMI et la Banque mondiale.

E/ Les pays émergents

Ces pays, sont ceux qui ont un revenu intermédiaire entre les pays riches et les pays les moins avancés (PMA). En dehors des pays habituellement connus comme émergents (les BRICS), plusieurs autres pays en fonction des sources d'information sont également des pays émergents. C'est l'exemple de la Thaïlande, de l'Argentine, du Mexique, du Nigéria…

Un certain nombre de pays en situation d'émergence économique sont en train de s'extraire rapidement de leur état de sous-développement, ils ont enregistré une hausse rapide du niveau de vie moyen, c'est l'exemple de la Chine et du Brésil. Mais aussi curieusement que cela puisse paraître, la Chine, deuxième puissance économique du globe, et leader mondial du commerce de produits manufacturés, le numéro deux en ce qui concerne les échanges de services et le troisième investisseur direct étranger de la planète, est considéré par l'Organisation mondiale du Commerce (OMC), comme un pays en voie de développement.

Il y a aussi le cas pour les quatre dragons asiatiques que sont la Corée du Sud, Hong Kong, Taïwan et Singapour qui eux, ont en principe, rejoint les rangs de pays développés. Il y a lieu à présent de s'interroger sur les indicateurs de l'émergence économique.

IV. Les indicateurs de l'émergence économique

Les indicateurs de l'émergence économique sont multiples et divers. Nous en citerons entre autres :

A/ La prospérité

Parler d'économies émergentes revient nécessairement à parler de prospérité, qui est perçue comme une période de croissance économique dans laquelle la bonne qualité de vie de l'ensemble de la population est en situation de croissance. C'est une période d'expansion et de grande abondance pour toute la population. Un État prospère est un État viable qui assure à ses habitants un avenir radieux. Le pouvoir d'achat des populations figure en bonne place dans les indicateurs de l'émergence économique.

B/ Le pouvoir d'achat

Il représente la capacité d'achat en termes de bien et de services d'un ménage. En d'autres termes, le pouvoir d'achat mesure la quantité de biens et de services qu'un ménage, peut s'offrir avec son propre revenu. C'est le pouvoir qu'ont les citoyens de consommer en fonction de leurs revenus financiers. Le pouvoir d'achat va dès lors dépendre du niveau des salaires et des prix sur le marché national. Pour un pays, le pouvoir d'achat global est égal à son Produit national brut

(PNB)[27] et Produit intérieur brut (PIB)[28]. Le pouvoir d'achat des citoyens et de l'État est un bon indicateur de l'émergence économique dans la mesure où il indique le niveau de pauvreté ou de richesse des citoyens. Un autre indicateur de l'émergence économique est l'accumulation de richesses.

C/ L'accumulation de richesses

Un État ne peut guère entrer dans l'émergence économique, sans richesses. Et c'est pourquoi l'accumulation du capital est un élément primordial, pour un pays qui se trouve sur la voie de l'émergence économique. Il y a en outre les richesses naturelles. Elles multiplient les possibilités de l'État et augmentent ses capacités financières. Ici, l'État entasse, amasse les richesses, pour justement accroître son pouvoir d'achat et celui de ses habitants.

La Banque africaine de Développement (BAD) a rendu public son classement sur les pays les plus riches d'Afrique. Le Nigeria est le pays le plus riche du continent très loin devant l'Afrique du Sud et l'Égypte. Les ressources pétrolières et le PIB ont fait de ce pays, le plus riche d'Afrique. En effet, le pays cumulerait selon la BAD 581 milliards de dollars de PIB en 2018. L'Afrique du Sud, un autre pays anglophone occupe la deuxième place avec 276 milliards de dollars. En 3ème position, l'Égypte. Avec 264 milliards de dollars, le pays des pyramides devance l'Algérie qui cumule à 170 milliards. Le Soudan complète le quinté de tête avec 124 milliards. Le Maroc (6ème), l'Angola (7ème), et

---

[27] En économie, le PNB ou produit national brut, mesure sur un an la production de biens et services marchands créés par une nation, peu importe que cette production se déroule sur le sol national ou à l'étranger.

[28] Le produit intérieur brut, ou PIB est la somme des valeurs ajoutées réalisées à l'intérieur d'un pays par l'ensemble des branches d'activités ajoutées de la taxe sur la valeur ajoutée (TVA) et des droits de douane sur une période d'une année, peu importe la nationalité des entreprises qui les réalise.

l'Éthiopie (8ème) devraient atteindre respectivement 121, 104 et 96 milliards de dollars de PIB. Le Kenya et la Tanzanie ferment la marche avec 77 milliards de dollars pour le premier, et 52 pour le second[29].

Qu'en est-il à présent de l'approche sociale de l'émergence économique ?

V. L'approche sociale de l'émergence économique

Dans cette approche, l'on perçoit l'émergence économique comme le processus qui améliore les conditions de vie des populations d'un État donné. Elle concourt au bien-être de toutes les couches socioprofessionnelles, elle dispose, de l'indice de développement humain (IDH) [30] comme instrument de mesure. Les conditions de vie, c'est-à-dire, la qualité et la quantité de biens et de services qu'une personne ou une population peut acquérir avec son revenu, sont prises en compte. Il prend également en compte le bien-être qui inclut la réussite sociale et économique, aux différents plaisirs de la vie, à la réalisation de soi-même et à l'harmonie avec les autres personnes. L'IDH évalue le mieux-être des populations qui représente un bien-être supérieur, une situation meilleure qui est favorisée par un progrès dans la vie matérielle.

[29] Source Banque africaine de Développement (BAD)

[30] Indice statistique qui indique le niveau de développement humain dans un pays en prenant en compte, l'indice de santé et de la longévité, le niveau de vie et de l'éducation. L'IDH répond aux insuffisances du produit intérieur brut (PIB) par habitant. Depuis 1990, il est calculé par le programme des Nations unies pour le développement (PNUD) afin de classer les pays selon leur développement qualitatif.

De tout ce qui précède, l'on déduira que l'émergence économique restera intimement liée au progrès des sciences, de la technique et de la technologie.

A/ Une éducation de qualité

Certains chercheurs en économie du développement, tel Theodore Schultz[31], prix Nobel en 1979, avaient constaté qu'un agriculteur alphabétisé dans les pays en développement est plus productif qu'un agriculteur analphabète. Ce constat met en évidence toute la nécessité de mettre en place, une éducation de qualité qui est d'ailleurs un droit pour tous, car dans certains pays il reste un droit inaccessible eu égard à la pauvreté des parents. Et c'est pourquoi les pays candidats à des économies émergentes, pratiquent la politique de l'école gratuite et obligatoire jusqu'à 15 ans. Cela est fait pour la simple raison qu'une généralisation de la scolarisation permet d'accroître le taux d'alphabétisation. Cela permet d'ailleurs la formation d'une main-d'œuvre qualifiée dont tout État candidat à l'émergence a besoin. Mais avant de recevoir une éducation de qualité, une population doit avant tout avoir une alimentation de qualité ce qui lui permettra de recevoir l'éducation dans d'excellentes conditions.

B/ Une alimentation convenable

L'accès des populations à une alimentation améliorée devrait être une préoccupation fondamentale des gouvernants. Les différentes couches sociales doivent absolument parvenir à une autonomie alimentaire pour justement prétendre à l'émergence. Selon les chiffres de l'OMS, près de

---

[31] Théodore William Schultz est né le 30 avril 1902 à Arlington aux USA, mort le 26 février 1998 il est un économiste américain spécialisé en économie du développement. Une grande partie de sa carrière universitaire se déroulera à l'université de Chicago. En 1960. Il partage le prix Nobel d'économie en 1979 avec Arthur Lewis.

44 millions d'enfants dans le monde, sont en situation d'obésité, dont plus de la moitié se trouvent dans les pays du sud. Il s'agit d'une obésité qui est engendrée par la précarité, la malnutrition et surtout le stress. Si l'on considère la maladie comme étant un désordre dans l'état de santé général d'une personne, l'obésité sera classée comme maladie. Il y a donc un effort à réaliser dans ce domaine afin d'éviter d'accumuler des surpoids qui à la longue peuvent mettre une personne dans une situation d'incapacité de travail. Alors qu'une personne qui ne travaille pas, devient un poids pour la société. Nul ne peut être émergent dans la famine et la malnutrition ou la sous-alimentation. Une alimentation améliorée, suppose également des moyens financiers conséquents, car nulle part au monde, la nourriture n'est gratuite pour les populations. Bien manger va donc nécessairement engendrer des frais. Les niveaux de malnutrition permettent d'évaluer le taux d'accès à la nourriture.

"L'organisation internationale de développement Oxfam a publié un classement mondial de la situation alimentaire. Ce rapport analyse la qualité de l'alimentation en fonction de sa diversité, l'accès à l'eau potable et l'hygiène alimentaire suivant les taux de diabète et d'obésité. Les pays européens occupent les vingt premières places avec en tête de liste la Hollande, la France et la Suisse. Une exception vient toutefois confirmer la règle : l'Australie figure en 8ème position. Les 30 dernières places du tableau sont occupées par des pays africains, à l'exception de quatre pays asiatiques. Le Burundi, le Yémen, Madagascar et l'Inde enregistrent les pires taux de malnutrition, même si le Burundi et le Cambodge ont les meilleurs résultats en matière d'obésité et de diabète. Les États-Unis, le Mexique, la République des Fidji, le Koweït et l'Arabie saoudite sont les pays où le taux de ces deux maladies est le plus élevé."[32]

[32] Source : Organisation internationale de Développement Oxfam

D'où la nécessité de sortir le peuple de l'indigence en orchestrant une bonne politique de l'emploi, et des salaires convenables. Toute chose qui occasionne le bien-être des citoyens du pays. Un bien-être qui est étroitement lié au système sanitaire du pays qui doit être approprié.

C/ Des soins de santé de qualité

La maladie peut être définie comme un dysfonctionnement dans l'état de santé général d'une personne. Pour corriger ce dysfonctionnement, les populations doivent pouvoir bénéficier d'un accès modernisé aux soins de santé de qualité qui ne doit en aucun cas constituer un luxe, mais un des droits primordiaux des citoyens. Cela implique que toute la population doit avoir un accès de plus en plus facile aux centres de soins et de santé. Une population qui n'est pas en bonne santé ne peut pas être productive. Tout individu devrait pouvoir donc se soigner dans des conditions de plus en plus meilleures ce qui naturellement aura une incidence sur l'espérance de vie des populations. Il faudra alors poser des actions de développement de réseaux de soins et d'hôpitaux de proximité sur l'ensemble du territoire. Il y a lieu de mettre au point des formes plus ambitieuses et plus audacieuses d'assurances maladie de toutes natures. Bref mettre en place un système de santé efficient. Nous appelons système de santé, l'ensemble des moyens matériels et humains et des stratégies d'organisation qui sont mis en place par un État afin d'assurer l'efficacité et la qualité de l'ensemble des prestations de santé.

En 2001 (les 26 et 27 avril) les chefs d'État Africains avaient pris l'engagement à Abuja au Nigeria de consacrer 15 %[33] de leur budget annuel à la santé, cependant, à ce jour, la Guinée ne consacre que 03 %[34] de son budget annuel à ce

[33] http://www.ppdafrica.org

[34] *www.afrikipresse.fr/index.php?... 1392 % 3Aguinee... budget...*

secteur. Ce qui rend toujours difficile la lutte contre les grandes endémies. L'économie d'une nation repose aussi sur la santé de ceux qui travaillent pour l'améliorer. Un pays qui abrite un fort taux de malades ou de décès précoces, voit son économie instable, car ceux qui travaillent pour la rendre dynamique ont eux-mêmes leur santé instable. À titre illustratif, l'Italie est l'un des pays européens qui affichent les meilleurs résultats en matière de santé. De fait, avec une espérance de vie de 82,3 ans, le pays se classe au cinquième rang mondial en matière de santé publique. Le budget du ministère de la Santé doit toujours être en constante évolution, afin de permettre à tous d'avoir des soins rapides et adéquats. Le gouvernement ivoirien pour permettre à une grande partie de la population de bénéficier de soins de santé à moindre coût, a instauré l'assurance maladie universelle. Il n'y a qu'à y souscrire pour pouvoir profiter de l'assistance médicale en tout lieu sur le territoire national et en tout temps. Les responsables politiques ont certainement dû comprendre en tant que dirigeants de pays potentiellement émergents, que la problématique de la santé reste un impératif de développement. Ils s'attellent donc à rendre les formations sanitaires beaucoup plus opérationnelles. Et les différentes couches de la population devront avoir accès à de l'eau potable pour éloigner les maladies tel le choléra.

Au Royaume-Uni, le système sanitaire offre une couverture médicale entièrement gratuite à tous ses citoyens. En France et en Nouvelle-Zélande grâce au système sanitaire mis en place, l'espérance de vie est respectivement de 83 et de 81,5 ans. Selon Expatica, "l'Espagne dépense environ 10 % de son PIB pour ses services de santé et il occupe la 6e place dans l'UE concernant le nombre de docteurs, avec environ quatre médecins pour 1000 personnes." À Hong Kong, la ville État compte 11 hôpitaux privés et 42 établissements de soins publics pour ses 7,2 millions d'habitants. En 2012, les femmes à Hong Kong avaient l'espérance de vie la plus élevée de toute la planète.

Le World Economic Forum a dévoilé des données montrant quels sont les pays qui ont la plus haute et la plus faible espérance de vie. Il s'avère que les 10 premiers pays du top sont des pays asiatiques et européens, tandis que les 10 derniers sur la liste sur 137 pays dans le monde sont des pays africains. Les deux premiers pays étant Hong-Kong (ville État) et le Japon qui grâce à leur système sanitaire ont respectivement 84,3 et 83,8 ans d'espérance de vie. Le dernier pays du classement est le Swaziland, avec une moyenne d'espérance de vie estimée à seulement 48,9 ans.

D/ La disponibilité de l'eau potable

L'eau potable est une source de vie. Un accès adapté à l'eau potable qui selon l'Organisation mondiale de la Santé (OMS) est d'un minimum de 20 litres par jour et par habitant et que cette eau soit disponible à moins de 15 minutes de marche. L'accès à l'eau potable est un véritable indicateur en matière d'économies émergentes, car l'eau étant source de vie, là où il n'y a pas d'eau toute existence est impossible. C'est donc depuis 2010 que l'accès à l'eau potable est devenu un droit fondamental de l'homme. Ce qui suppose que partout où vivent des hommes, l'État doit y faire parvenir de l'eau de robinet. Et des pays comme la Côte d'Ivoire s'attellent à rendre ce droit effectif, car il est étroitement lié aux conditions d'hygiène et de salubrité, qui elles-mêmes sont liées à la santé de l'homme donc à sa longévité. Aujourd'hui il est donc rare pour ne pas dire impossible, de voir un foyer dans la capitale ivoirienne qui ne dispose pas d'une proximité d'eau saine. En plus de l'eau potable, il y aura lieu, de se doter d'un réseau électrique de très bonne qualité.

E/ Un bon réseau électrique

Un juste accès à l'électricité est ici recommandé. Il est question d'accroître le pourcentage de la population disposant d'un réseau électrique en bon état. Et l'État doit être à pied d'œuvre pour qu'un pourcentage élevé d'individus ait accès au courant électrique. Il ne faut pas perdre de vue que l'électricité est un facteur de bien-être social et le point de départ, mais également le moteur même de l'émergence économique, car l'on sait que sans électricité il n'y a point d'industrialisation. Et sans industrialisation aucun progrès n'est possible. Pour attirer donc les investisseurs, il faut que l'État se dote d'un réseau électrique en très bon état. La Côte d'Ivoire d'ailleurs pourrait être dans un futur proche, une puissance électrique en Afrique de l'Ouest. La puissance totale installée de la Côte d'Ivoire est de 1.975 Méga Watts, fournie à 72,5 % par quatre centrales thermiques et 27,5 % par six centrales hydrauliques. C'est dire donc comment cette nouvelle source d'électricité pourrait renforcer la puissance installée dans ce pays. Toujours dans le cadre de ce renforcement, la Côte d'Ivoire projette de porter sa puissance électrique nationale à 4.000 Mégas Watts en 2020 et plus de 6.000 Mégas Watts en 2030. Et pour atteindre ces objectifs, le pays a signé avec la Chine des accords d'un montant global de 809 millions de dollars soit environ 470 milliards de FCFA, en vue du financement d'un projet de développement et de réhabilitation du réseau électrique de la Côte d'Ivoire.

La Côte d'Ivoire fournit déjà de l'électricité à des pays comme le Ghana, le Togo, le Bénin, le Burkina Faso et le Mali. Et il est prévu de fournir à moyen terme de l'électricité à la Sierra Leone, au Liberia et à la Guinée. Le pays deviendrait alors une puissance électrique émergente en Afrique de l'Ouest.

Le tableau ci-dessous classe les 23 pays les plus électrifiés de l'Afrique selon World Economic Forum

Classement	Taux d'électrification
1— Algérie	100 %
2— Égypte	100 %
3— Libye	100 %
4— Maroc	100 %
5— Tunisie	100 %
6— Afrique du Sud	85,40 %
7— Ghana	64,06 %
8— Sénégal	56,50 %
9— Côte d'Ivoire	55,80 %
10— Nigéria	55,60 %
11— Cameroun	53,70 %
12— Botswana	53,24 %
13— Namibie	47,26 %
14— Congo	41,60 %
15— Zimbabwé	40,46 %
16— Bénin	38,40 %
17— Érithrée	36,08 %
18— Soudan	32,56 %
19— Togo	31,46 %
20— Éthiopie	26,46 %
21— Kénia	23,00 %
22— Zambie	22,06 %
23— Mozambique	20,20 %

Il résulte de ces chiffres révélés par Agence Ecofin, que cinq pays africains arrivent ex æquo en tête du classement des pays africains ayant les meilleurs taux d'électrification, selon l'indice mondial de la performance de l'architecture énergétique « Global Energy Architecture Performance Index Report 2017 » publié le 22 mars par le Forum économique mondial (WEF) et le cabinet de conseil en stratégie "Accenture Strategy". Ces cinq pays situés en Afrique du Nord (Algérie, Égypte, Libye, Maroc et Tunisie) font partie des 69 pays sur les 127 étudiés, où le taux d'électrification a atteint 100 %. L'Afrique du Sud (99ème rang à l'échelle mondiale) arrive juste derrière ces cinq pays, avec un taux d'électrification de 85,40 %. Viennent ensuite le Ghana (taux d'électrification de 64,06 %), le Sénégal (56,50 %), la Côte d'Ivoire (55,80 %) et le Nigeria (55,60 %). L'Éthiopie, le Kenya, la Zambie, le Mozambique et la Tanzanie arrivent en bas du tableau, aussi bien à l'échelle africaine qu'au plan mondial, avec des taux d'électrification inférieurs à 27 %.

Tous les investisseurs travaillent avec l'électricité, l'absence de courant électrique restera donc toujours un frein pour l'émergence d'une nation. Il en est de même pour les logements qui ne devront pas être des taudis, mais des logements d'un certain standing.

F/ Des logements convenables

L'accès approprié au logement décent doit être une priorité. L'État doit réduire la proportion des personnes mal logées. La France par exemple qui est un pays développé, a plus de 3 millions de personnes qui sont concernées par le mal-logement. Sans oublier qu'elles sont des centaines de milliers, ces personnes sans aucun logement et qui sont appelées des "sans domicile fixe" (SDF). Qu'en serait-il pour un pays sous-développé aspirant à une économie émergente ? De là découle la nécessité de la mise en place d'une politique d'accroissement rapide du nombre de personnes ayant un logement convenable. Ce qui du reste est très laborieux à mettre en œuvre. Notre exemple de proximité sera celui de la Côte d'Ivoire où depuis 2012 le gouvernement s'emploie à la destruction des quartiers précaires avec leurs lots de logements faits de bois, de tôles, de terre battue. Certes le gouvernement met en avant l'argument de la préservation des vies humaines en période d'hivernage, période au cours de laquelle de nombreuses maisons et des vies humaines sont emportées par les eaux de pluie dans ces zones à risque. Mais au final, cela participe bien aux conditions de l'émergence économique dans la mesure où de façon apparente l'on remarque qu'il y a moins de personnes qui logent dans des taudis faits de tôles et de bois. Après dédommagement, le gouvernement invite ces populations aux maigres revenus à s'héberger dans des zones avec un minimum de risques de mort et dans des cadres plus décents. Des cadres avec une plus grande facilité d'accès au réseau téléphonique.

G/ Un bon réseau téléphonique

Un accès facile à la téléphonie dans la mesure où selon des estimations de la Banque Mondiale, aujourd'hui, près de 75 % de la population de la planète dispose d'un téléphone portable. D'un milliard de personnes abonnées à la téléphonie cellulaire en 2000, nous en sommes en cette date à plus de 6 milliards d'individus disposant du téléphone mobile. La téléphonie mobile offre des opportunités sérieuses pour améliorer le développement des citoyens en leur fournissant un accès à l'outil internet, à la radio, à la télévision, aux informations de toutes natures, politique, santé, offre d'emploi, sports. … Elle permet de recevoir et d'envoyer de l'argent aux proches, de régler à distance toutes sortes de factures. Ce qui fait du téléphone mobile, un outil dont personne ne peut plus se passer de nos jours. À cela va s'ajouter la mise en place d'un très bon réseau routier. $

H/ Un bon réseau de transport routier

L'on entend très souvent dire, que la route précède le développement. Les moyens de transport font partie des objectifs du millénaire pour le développement. Une absence de voies de transports adéquats entraîne le difficile accès aux établissements scolaires, aux centres de santé urbains, aux marchés, aux lieux de travail. … Le secteur des transports est d'une importance certaine dans l'aboutissement à des économies émergentes. Il faut toutefois redoubler de vigilance surtout que dans les pays aspirant à des économies émergentes, les moyens de transport se résument aux transports terrestres. Et une récente publication de l'Organisation mondiale de la santé sur la sécurité routière a montré que le taux de décès dus aux accidents de la route est estimé à 24,1 pour 100 000. Le nombre estimé de décès en Afrique dus aux accidents routiers est d'environ 200 000 chaque année, un chiffre qui représente 16 % des décès de ce type dans le monde. L'on comprend dès lors l'obligation de posséder un réseau routier de bonne qualité pour juguler les accidents de circulation. La politique de rénovation des routes, de bitumage, et de construction de ponts en Côte d'Ivoire indique de manière très claire que ce pays entend résolument et irréversiblement prendre la voix de l'émergence économique. Le tableau ci-dessous classe les 19 premiers pays au monde en fonction de l'importance de leurs réseaux routiers. Le constat est que sur les 57 pays Africains, seul l'Afrique du Sud y figure au bas du tableau.

Rang	Pays	Routes bitumées	Date de l'information
1er	USA	6.393.603 km	2003
2ème	UE	4.634.810 km	2000
3ème	Inde	2.525.989 km	2000
4ème	Chine	1.765.222 km	2002
5ème	Brésil	1.724.929 km	2000
6ème	Canada	1.408.800 km	2002
7ème	Japon	1.408.800 km	2001
8ème	France	893.100 km	2002
9ème	Australie	811.603 km	2000
10ème	Espagne	664.852 km	2001
11ème	Russie	537.289 km	2001
12ème	Italie	479.688 km	2000
13ème	Royaume Uni	392.931 km	2003
14ème	Pologne	364.697 km	2001
15ème	Turquie	354.421 km	2002
16ème	Indonésie	342.700 km	2000
17ème	Mexique	329.532 km	2000
19ème	Afrique du Sud	275.971 km	2002
68ème	Côte d'Ivoire	51.300 km	2000

Classement des pays ayant les meilleurs réseaux routiers (Source : *The World Factbook 2005)*

Après le renforcement de leurs réseaux routiers, les pays candidats à l'émergence économique devront s'activer à se doter d'une technologie d'information et de communication de pointe.

I/ Un accès aisé à l'outil Internet

La communication étant un élément inséparable de la vie sociale, l'ensemble des moyens qui la favorise, doit être présents dans un État en situation d'émergence économique.

À ce titre, l'outil Internet demeure le moyen de communication de prédilection du troisième millénaire. L'internaute est défini sur le site" internetworldstats.com" comme étant une personne qui est âgée de plus de deux ans, et qui se connecte au moins une fois chaque mois sur le Web. Aujourd'hui, l'Union internationale des télécommunications affirme que le nombre d'internautes en 2014 a avoisiné les 3 milliards de personnes ce qui représente autour de 40 % de la population mondiale. Parmi ces internautes, plus de deux milliards sont inscrits sur les réseaux sociaux. Chiffres qui indiquent clairement qu'aucun État ne saurait se passer de nos jours de l'outil Internet. La moyenne mondiale du pourcentage d'internautes étant désormais passée à 40,40 %, et selon certaines statistiques 204 millions de mails sont envoyés chaque minute à travers le monde, et 4 millions de recherches Google sont effectuées. Il faut aussi toutefois noter que les langues anglaise et chinoise sont les plus usitées sur le web avec respectivement 537 millions et 446 millions d'utilisateurs. Candidate à l'émergence économique en mars 2015, la Côte d'Ivoire lance l'opération un habitant un ordinateur. Et ce sont ainsi 500.000 ordinateurs qui sont injectés dans 500.000 foyers afin que les uns et les autres se familiarisent avec cet outil informatique. Il ne faut pas perdre de vue que l'analphabète de ce troisième millénaire est celui qui ne sait pas se servir d'un ordinateur.

J/ L'indépendance de la justice

Une justice indépendante et impartiale constitue les deux principes d'un bon système judiciaire. C'est un gage, que nulle pression ou menace ne viendra altérer la décision des magistrats. Les constitutions consacrent l'indépendance de l'institution judiciaire et garantissent la séparation des pouvoirs. Quant à l'impartialité, elle demande aux juges de se débarrasser de tout préjugé dans son acte de jugement et ne tenant compte uniquement que de ce que la loi stipule.

L'indépendance concerne beaucoup plus les rapports du juge avec les autres pouvoirs constitués. Dans ce sens, l'indépendance des magistrats restera entre autres, l'une des conditions de leur impartialité. L'indépendance et l'impartialité de la justice constituent un facteur de confiance pour les nombreux investisseurs tant nationaux, qu'étrangers. Ces investissements contribueront à leur tour à la productivité du pays. Cependant, il ne faudrait pas perdre de vue que l'accès à la justice demeure coûteux pour la majorité des populations. Les États devront s'atteler à y remédier. Aussi, l'État devra croiser le fer avec l'insécurité, la combattre avec la dernière énergie.

K/ Un système sécuritaire efficient

La sécurité peut être perçue comme étant la mise en place d'un certain nombre de mesures qui permettent de minimiser les risques dans un domaine très précis. Tout en ne perdant pas de vue bien entendu, que le risque zéro n'existe pas. Nous pourrions ajouter à cette définition, que la sécurité peut également être appréhendée comme l'utilisation de ce que nous serons tentés d'appeler les armes de construction massive, à savoir l'information, l'éducation et la sensibilisation de l'ensemble des populations. La sécurité des personnes et des biens dans un État ne saurait donc être laissée en marge. Cela assure les investissements et minimise non seulement les risques de perte de son patrimoine, mais aussi les dangers des agressions corporels. La sécurité est aussi, l'état d'esprit de toutes les personnes qui se sentent tranquilles et confiantes. C'est le sentiment, à raison ou à tort, pour les citoyens d'être à l'abri de tout danger et de tout risque. À ce titre, la sécurité contribue à n'en point douter à l'émergence économique d'un État. Il faut surtout prendre la peine de ne pas occulter la sécurité économique en mettant en place un ensemble de mesures qui viseront à garantir un environnement économique sûr, équitable, dynamique et propice aux innovations, aux investissements intérieurs et étrangers, favorables à une croissance soutenue. Cela assurera à la population un niveau de vie acceptable et en constante progression. Il faudra en outre que les forces de l'ordre participent à ce projet, car parfois ce sont elles qui tordent le cou aux droits de l'homme les plus fondamentaux et favorisent la peur des populations contre elles.

Selon le classement mondial de la sécurité des touristes réalisés par le World economic forum (Wef), la Côte d'Ivoire se trouve en 96ème position, loin dans le classement. Et c'était après les attentats de Grand-Bassam revendiqués Al Kaïda au Maghreb Islamique (Alkmi) qui avait occasionnés 19 morts en mars 2017. Les experts du Wef ont en effet calculé dans quelle mesure un pays expose les touristes et les entreprises aux risques de sécurité principalement liés aux dommages graves aux personnes (violence et terrorisme). Il convient de souligner que la petite-criminalité n'a pas été prise en compte. Il en résulte que la Finlande est actuellement le pays le plus sûr au monde, suivi des Émirats Arabes Unis (UAE), de l'Islande, d'Oman, et de Hong Kong. La France figure en 67ème position, loin derrière le Rwanda (9ème) et premier pays africain classé.

1- Finlande
2- Les Émirats Arabes Unis
3- Island
4- Oman
5- Hong-Kong
6- Singapour
7- Norvège
9- Rwanda
96- Côte d'Ivoire

Classement des 7 premiers pays sécurisés au Monde

Après la mise en place d'un système de sécurité efficace, il va falloir à l'État et aux populations une bonne productivité de biens et services pour booster l'économie nationale.

L/ Une bonne productivité

La productivité est la capacité d'un pays à produire des biens et des services, de faire des exportations dans l'objectif d'avoir une balance commerciale excédentaire et des devises pour effectuer des importations. Un pays qui ne produit pas des biens d'exportation aura du mal à se frayer un chemin qui le conduira vers l'émergence. Pour cela, l'industrialisation, la promotion des exportations et une stratégie de production de biens qui s'adressent en tout premier lieu au marché mondial, avant de s'adresser au marché national, peuvent être des solutions. En d'autres termes, il faudra encourager la production de biens d'exportation. Aujourd'hui, l'on constate que la production chinoise a pratiquement envahi les marchés africains. Ces produits chinois qui sont communément appelés en Côte d'Ivoire les produits "chinetoques", sont revendus à des prix relativement très bas. Par cet exemple chinois, l'on comprendra aisément pourquoi en Afrique, l'émergence économique passera nécessairement par la transformation des matières premières. D'où la nécessité d'une industrialisation à outrance.

"L'Afrique par exemple, fournit près de 45 % de la production mondiale de noix de cajou, avec une progression moyenne de l'ordre de 5 % par an. Cette production est principalement assurée par la Côte d'Ivoire (premier pays producteur africain et 2ème au monde après l'Inde) avec 550 000 tonnes en 2014 soit 20 % de l'offre mondiale, la Guinée Bissau avec 165 000 tonnes, la Tanzanie avec 120 000 tonnes, le Nigeria avec 85 000 tonnes.

Aujourd'hui, ce sont quelque 250.000 paysans ivoiriens qui sont impliqués dans cette spéculation pour soutenir la production d'anacarde"[35]. "Malgré cette opportunité, le taux de transformation de cette matière première reste faible, soit seulement 5 %. D'autres chiffres sur toutes les autres matières premières sont peu reluisants en ce qui concerne leur taux transformation. On peut, par exemple citer, entre autres, le cacao et le café avec respectivement 35 % et 2 % de produit transformé localement" [36] . Pour arriver à transformer les matières premières, les dirigeants devront jouer sur une main d'œuvre qui doit être abondante et à bon marché. C'est l'État qui doit créer les infrastructures qui sont indispensables à l'industrialisation. Il faut avouer que cette question préoccupe les autorités ivoiriennes à plus d'un titre, au point qu'elles ont fixé comme objectif à atteindre, un taux de transformation de matière première à 50 % d'ici à 2020 dans la perspective de l'émergence de la Côte d'Ivoire.

Ces secteurs d'investissement sont multiples et divers. Nous avons à titre d'exemple, le secteur des produits agro-industriels. Le secteur agricole avec sa multitude de cultures comme la banane, l'ananas, l'anacarde, les produits horticoles, le coton l'hévéa, la canne à sucre, la mangue, le café, le palmier à huile, le cacao, les agrumes… Par ailleurs, il ne faudrait pas occulter que la libéralisation de l'espace audiovisuel avec la liberté de presse offre également des opportunités d'investissements. L'horticulture ornementale ivoirienne actuelle concerne 1.200 tonnes de plantes vertes, 2.000 tonnes de fleurs coupées et de feuillages. Le secteur est très porteur.

De tout ce qui précède, l'on peut à présent se poser la question de savoir, à partir de quel stade, dans son cheminement vers le progrès économique et social, l'on pourra estimer qu'un pays est effectivement devenu une nation émergente ?

---

[35] www.primaturecotedivoire.net
[36] www.fratmat.info

VI. Le point d'achèvement de l'émergence économique

Cette question du point d'achèvement de l'émergence économique est d'autant plus d'actualité qu'aujourd'hui de nombreux pays, sur tous les continents, estiment avoir atteint ce stade. En tout état de cause, l'on perçoit l'émergence économique d'un pays à partir d'un certain nombre d'indices statistiques qui sont entre autres, le taux d'alphabétisation, l'accès à l'eau potable, l'espérance de vie à la naissance, le niveau d'étude et d'instruction, le revenu par habitant, etc. Si tous les indicateurs que nous venons de citer passent du rouge au vert, le bien-être des populations devra être nécessairement ressenti.

A/ Le bien-être

Selon le dictionnaire le Larousse, "le bien-être est un état agréable résultant de la satisfaction des besoins du corps et du calme de l'esprit. Le bien-être est une aisance matérielle qui permet une existence agréable aux citoyens."

Le bien-être est un état lié à différents facteurs considérés de façon séparée ou conjointe : la santé, la réussite sociale ou économique, au plaisir, à la réalisation de soi, à l'harmonie avec soi et les autres. L'on pourrait concevoir le bien-être selon une première approche physique, et une seconde, psychologique.

Le bien-être physique est défini par la sensation d'une bonne santé physiologique générale, d'une satisfaction des besoins primordiaux du corps humain.

Une seconde approche fait référence au bien-être psychologique qui est issu d'une évaluation personnelle et subjective. Laquelle peut provenir de perceptions ou satisfactions diverses, financières, professionnelles, sentimentales, progrès dans la vie matérielle, de sentiment d'une situation meilleure, mais aussi de l'absence de troubles mentaux. Si ce bien-être physique et psychologique est perçu, ressenti par une grande majorité de la population alors l'on peut estimer qu'un premier point d'achèvement de l'émergence économique est ainsi atteint. Mais le bien-être ne devra pas s'arrêter là. Il doit pouvoir évoluer de jour en jour et devenir un mieux-être pour les différentes populations.

B/ Le mieux-être

Il est une continuité et doit être ressenti par les populations, jour après jour, semaine après semaine, mois après mois, année après année, car le mieux-être est une amélioration du bien-être. C'est pour une importante frange de la population, un accroissement quotidien du bien-être. Le mieux-être, c'est l'élément indispensable qui indique que la situation sociale n'est pas statique, elle évolue positivement pour chacun et pour tous. Cette perception de mieux-être des citoyens laisse supposer que les difficultés actuelles des uns et des autres vont très vite prendre fin dans la mesure où ils perçoivent la réalité du mieux-être. Il s'agit là d'un second indice du point d'achèvement de l'émergence économique. Et ce second point va sans aucun doute pouvoir rehausser la qualité de vie des uns et des autres.

C/ La qualité de vie

L'Organisation mondiale de la santé (OMS) définit la qualité de la vie comme étant « *la perception qu'a un individu de sa place dans l'existence, dans le contexte de la culture et du système de valeurs dans lesquels il vit, en relation avec ses objectifs, ses attentes, ses normes et ses inquiétudes. Il s'agit d'un large champ conceptuel, englobant de manière complexe la santé physique de la personne, son état psychologique, son niveau d'indépendance, ses relations sociales, ses croyances personnelles et sa relation avec les spécificités de son environnement* ». Il s'agit d'un concept multidimensionnel qui s'articule autour de plusieurs dimensions.

La qualité de vie d'une population est un enjeu majeur en politique. Elle dépend dans une large partie de la capacité à acheter des biens et des services, mais aussi des situations dans les domaines de la liberté, du respect des droits de l'homme et du citoyen, du bonheur, de la santé, ...

Selon un certain nombre de chercheurs, la qualité de vie concerne le jugement que porte un sujet sur sa vie et sur son équilibre psychique en tenant compte des aspects psychologique, physique, social et le bien-être matériel. C'est pourquoi d'ailleurs, il est un concept à utiliser avec beaucoup de prudence étant donné qu'il est très subjectif. C'est l'exemple d'une qualité de vie considérée comme médiocre en Europe, qui pourrait apparaitre comme très bonne lorsque l'on se trouve dans des pays pauvres.

La qualité de vie implique en outre la possession d'une activité génératrice de revenus (AGR), sans que celle-ci ne soit une activité contraignante. Si la qualité de vie des populations est évolutive, elle va forcément impacter positivement sur leur niveau de vie.

La Norvège par exemple, aux côtés de ses voisins scandinaves, occupe souvent le haut du tableau dans les classements concernant la qualité de vie. L'une des raisons à cela est la santé de ses citoyens. Le système de santé du pays est gratuit pour les enfants âgés de moins de 16.

D/ Le niveau de vie

C'est l'évaluation de la richesse et de la prospérité d'une population. C'est la qualité et la quantité de biens et services qu'une personne ou une population peut acquérir. En termes de calcul, il est le revenu du ménage, divisé par le nombre de consommateurs. Il se ressent à travers l'accès à certains biens tel que le nombre de réfrigérateurs, de véhicules, l'espérance de vie. Il se perçoit aussi à travers l'accès à la climatisation… La distinction entre le niveau de vie et la qualité de vie réside dans le fait que le premier prend en compte des facteurs comme les loisirs, la salubrité, la sécurité. L'élévation du niveau de vie moyen d'une population entraîne obligatoirement une augmentation des dépenses. Plus une population a accès à un luxe, plus pour elle, cela occasionne des dépenses supplémentaires, et son niveau et sa qualité de vie s'améliore. C'est l'exemple d'un village qui est sur le point d'être électrifié. Après la connexion de leur village au réseau électrique, les villageois devront dès lors prévoir un budget pour le paiement des factures, ce qui du coup occasionnera une hausse dans leurs dépenses mensuelles. Une fois le niveau de vie rehaussé, l'on se retrouve face à une société respectable et de plus en plus digne.

E/ La dignité humaine

Sur le plan étymologique, la dignité c'est ce qui rend l'estime, la considération, l'honneur, le prestige. La dignité humaine c'est le respect, les égards que mérite une personne. C'est le principe selon lequel une personne ne doit jamais être traitée comme un objet, mais comme un humain qui mérite un respect inconditionnel, quel que soit son âge, son ethnie, son rang social, sa religion, son sexe, son état de santé… C'est également le respect de soi. En bref la dignité humaine c'est la respectabilité. Cette dignité favorise l'apparition d'économies émergentes, car elle participe au bien-être et au mieux-être de l'ensemble des populations. À contrario, une société, une nation frappée d'indignité ne saurait construire une économie émergente pour cause de manque de respectabilité et de respect de soi. La dignité et la respectabilité permettent aux citoyens de tous les bords de s'exprimer librement et en toute circonstance.

F/ La liberté d'expression

La liberté de façon générale peut être définie comme le droit de faire tout ce qui ne nuit pas à autrui cf. art 4 de la Déclaration des droits de l'homme et du citoyen (DDHC). Dans une démocratie, qu'elles soient individuelles ou collectives, les libertés sont nécessairement limitées. La liberté individuelle est celle que chacun peut exercer séparément des autres citoyens alors que la liberté collective est exercée dans le cadre de la vie collective en société. La liberté restera toujours un des droits imprescriptibles de l'homme. Elle se décline en différentes libertés, telle que la liberté d'expression, la liberté de conscience... (Voir tableau). L'exercice d'une liberté ne doit pas porter atteinte à la liberté des autres.

Parlant de façon spécifique de la liberté d'expression, elle peut être mieux perçue à travers l'expression suivante de Voltaire[37] : « Je ne suis pas d'accord avec ce que vous dites, mais je me battrai jusqu'à la mort pour que vous ayez le droit de le dire. »[38] La liberté d'expression reflète donc dans son essence, le droit reconnu à chaque individu de penser comme il l'entend, et de pouvoir exprimer ses opinions par tous les moyens qu'il juge adéquat, dans les domaines de la religion, de la morale, de la politique et dans bien d'autres domaines.

Elle demeure une liberté indispensable à l'être humain, voilà pourquoi elle reste inscrite dans la déclaration universelle de l'homme et du citoyen de 1948 en son article 19, qui stipule : *"Tout individu a droit à la liberté*

---

[37] François-Marie Arouet, dit Voltaire, né le 21 novembre 1694 à Paris, ville où il est mort le 30 mai 1778 (à 83 ans), est un écrivain et philosophe[1] français qui a marqué le XVIIIème siècle.

[36] VOLTAIRE (1694-1778), citation apocryphe. Cette phrase non sourcée, sans doute jamais écrite, mais peut-être dite, reflète parfaitement l'homme, sa pensée, sa vie et même son style. D'où la fortune historique et somme toute méritée de cette citation apocryphe.

d'opinion et d'expression." Ce qui implique le droit de ne pas être inquiété pour ses opinions et celui de chercher, de recevoir et de répandre, sans considération de frontières, les informations et les idées par quelque moyen d'expression que ce soit.

La liberté d'expression va de pair avec la liberté de presse, la liberté de manifestation, celles de réunions et d'association, dans la mesure où la presse, les manifestations, les réunions ne sont rien d'autre que des tribunes d'expression. La liberté d'expression rime en outre avec le respect d'autrui, car l'on affirme souvent que la liberté des uns s'arrête, là où commence celle des autres.

Toutefois, la liberté d'expression peut être réduite dans un certain nombre de conditions bien singulières. Bien entendu, il existe des lois qui interdisent l'appel à la violence physique, l'incitation à la haine religieuse ou raciale. Ces lois punissent la calomnie et la diffamation. Elles tendent à renforcer la liberté d'expression des uns, tout en protégeant la dignité des autres.

Libertés	Textes	Date	Forme
Liberté d'expression d'opinion, de pensée	Déclaration des droits de l'homme et du citoyen (Art. 1, 4 et11)	1789	Individuelle
Liberté, de religions garanties par le principe républicain de laïcité	Déclaration des droits de l'homme et du citoyen (art.10)	1789	Individuelle
Liberté de réunion	Déclaration universelle des Droits de l'Homme (art. 20)	1948	Collective

Liberté de circuler	Déclaration universelle des Droits de l'Homme (Art. 13)	1948	Individuelle
Liberté de manifester	Déclaration des droits de l'homme et du citoyen (Art.11)	1789	Collective

Le Tableau des libertés

SUPPLÉMENT : EXTRAIT D'UNE INTERVIEW DE RIGOBERT PINGA PINGA PUBLIÉE SUR

www.africadiligence.com/rigobert-pinga-pinga-lemergence-africaine-dans-les-calculettes-de-la-banque-mondiale/

Africa Diligence : Croyez-vous en l'émergence économique du continent africain ?

Rigobert Pinga Pinga : Je suis un afro-optimiste ! Je crois en l'émergence économique de l'Afrique pour au moins deux raisons : la diversité de ses ressources naturelles non encore pleinement exploitées et le potentiel de son capital humain. Depuis toujours, notre continent est très courtisé pour ses ressources naturelles abondantes et variées. Un pays comme la République Démocratique du Congo est, à lui seul, un condensé de biodiversité, de minerais et de ressources hydrauliques. Malgré les taux de chômage à deux chiffres, le capital humain africain reste un atout stratégique majeur. Sa jeunesse sa vitalité et surtout son accessibilité constituent son avantage comparatif.

Oui je crois en l'émergence de l'Afrique. Je crois en une émergence planifiée, programmée, soutenue par une croissance économique suffisante, capable de favoriser le développement réel. Je ne crois pas en une émergence opportuniste dont les fondements sont fragiles. Mon constat est que la plupart des pays au sud du Sahara semblent danser sur cette valse que j'appelle "émergence décrétée". Certes, peu à peu on voit des classes moyennes jaillir de partout. Mais il serait souhaitable que les effets de la croissance de notre continent se ressentent dans toutes les couches sociales, surtout celle des plus démunis, et ce, de façon durable.

CONCLUSION

Nous pouvons affirmer au terme de nos propos, que de notre point de vue, la démocratie, la bonne gouvernance et l'émergence économique, sont des concepts qui sont liés les uns aux autres. Chacun d'eux pris isolément et tous à la fois concourent à la pleine satisfaction des aspirations profondes des populations des pays indigents. Chacun d'eux traduit le souhait de tout citoyen qui ne demande que le mieux-vivre pour lui-même et pour les siens.

L'émergence économique étant une finalité collective, elle ne saurait être autre chose, qu'un projet politique, un laborieux processus de transformation de la société. Cette mutation doit absolument aboutir à élever la personne humaine dans sa dignité et dans toutes ses dimensions (sociale, physique, psychique, psychologique, culturelle, politique...).

L'émergence économique touche à la fois à tous les aspects de la vie de l'homme avec pour objectif, l'épanouissement intégral de chacun pris individuellement, et de tous sur le plan collectif. Et pour aboutir à cette finalité, il y a deux grands piliers à bâtir.

Le premier étant celui de la démocratie qui constitue un enjeu majeur surtout lorsque l'on a pleinement conscience que dans le sud de la planète nombre de dirigeants, ayant une boulimie du pouvoir sont à la tête de leurs États depuis plus d'un quart de siècle et continuent toujours de refuser le verdict des urnes. Attitude qui constitue à n'en point douter, une source de conflits socio-politiques avec ses corollaires de rebellions et de coups d'État ne permettant pas la stabilité politique d'un État. L'artiste chanteur international ivoirien, Alpha Blondy, dans l'une de ses orchestrations musicales avait bien martelé : *« Dans un pays avec plusieurs ethnies, quand une seule ethnie monopolise le pouvoir pendant plusieurs décennies, et impose sa suprématie, tôt ou tard, ce sera la guerre civile. Président élu une fois, élu deux fois, élu trois fois, élu quatre fois, ça devient de la dictature ».* D'où l'impérieuse nécessité d'instaurer l'alternance politique, afin que tous les fils de la nation se sentent effectivement concernés, mais surtout impliqués dans tout ce qui concerne la vie de leur pays. Le respect scrupuleux du jeu démocratique est donc une condition sine qua non pour parvenir à une émergence économique.

Le second grand pilier à bâtir, est celui de la bonne gouvernance dans laquelle l'on prend en compte les besoins palpables des populations et de leurs aspirations profondes, étant entendu que tous les citoyens n'ont pas les mêmes besoins. Les nécessités variant d'un individu à un autre, d'une population à une autre, chaque groupe d'individus connaissant le mieux ses besoins et ses priorités plus que quiconque, il y a lieu d'organiser une gestion participative des affaires de l'État afin d'impliquer tout le monde dans l'administration et la gérance des projets de développement. Une bonne gouvernance qui croise le fer avec la corruption, avec les détournements de deniers publics et l'injustice sous toutes ses formes.

La démocratisation réussie, les exigences de la bonne gouvernance réalisées, l'amélioration du niveau de vie des populations, de la qualité vie de la majorité des citoyens, le bien-être et le mieux-être que constitue l'émergence économique ne fera qu'apparaître dans son approche intégrale. Et l'émergence économique se ressentira dès lors, très concrètement sur le pays lui-même et au-delà du pays, sur ses populations dans leur majorité à travers l'augmentation significative du niveau des revenus qui occasionne ipso facto une réduction considérable de la pauvreté des citoyens, qui pourront vivre une vie longue et saine et jouir d'un niveau de vie décent.

ANNEXE : Liste des pays ayant atteint le point d'achèvement de l'initiative PPTE en 2012

1— Afghanistan	11— Côte d'Ivoire	21— Madagascar	31— Sierra Leone
2— Bénin	12— Éthiopie	22— Malawi	32— Tanzanie
3— Bolivie	13— Gambie	23— Mauritanie	33— Togo
4— Burkina F.	14— Ghana	24— Mozambique	34— Zambie
5— Burundi	15— Guinée Bissau	25— Nicaragua	
6— Cameroun	16— Guinée	26— Niger	
7— Comores	16— Guyane	27— Ouganda	
8— République Centre Africaine	18— Haïti	28— Rwanda	
9— République Démocratique du Congo	19— Honduras	29— Sao Tomé	
10— Congo	20— Libéria	30— Sénégal	

Le Tchad : Pays intermédiaire entre le point de décision et le point d'achèvement.

L'Érythrée, la Somalie, le Soudan : Pays n'ayant pas atteint le point de décision.

BIBLIOGRAPHIE

Les Ouvrages

– A. Kateb, *Les nouvelles puissances mondiales. Pourquoi les BRIC changent le monde*, Paris : Ellipses, 2011, 272 p. ISBN 978-2-7298-6473-6

– Alain Piveteau et Éric Rougier, « Émergence, l'économie du développement interpellée », *Revue de la régulation* [En ligne], n° 7 | 1er semestre 2010, mis en ligne le 3 juin 2010, URL :

– *Alternatives économiques*, n° 151 de septembre 1997

– C. Jaffrelot (dir.), *L'enjeu mondial. Les pays émergents*, Paris : Presses de Science Po, 2008, 381 p.

– Dr Mathias MONDO, Afro-responsabilité, la clé perdue de l'émergence, Ed. book on demand, décembre 2015, 160 p ISBN-13 : 978-2322044023

– Francis Dupuis-Déri, *Démocratie : Histoire politique d'un mot*

– Guy GWETT, *# Moi président : 69 jeunes leaders dessinent les contours de l'Afrique émergente,* Ed. book on demand, décembre 2015, 384 p, ISBN-10 : 2 322 043 834

– J. Vercueil, *Les pays émergents. Brésil-Russie-Inde-Chine : mutations économiques et nouveaux défis*, Paris : Bréal, 2010, 207 p. ISBN 978 2 7495 0957 0. Troisième édition actualisée et augmentée : même titre, éditons Bréal, Paris, août 2012 (ISBN 978 2 7495 3170 0), 232 p.

– Jean-Pierre Gaudin, *Pourquoi la gouvernance ?,* Paris, Presses de la FNSP, coll. La bibliothèque du citoyen, 2002

– M. Gaulard, *L'Économie du Brésil*, Paris : Bréal, 2011, 127 p.

– SOUSSOY d'Ebène, *Du bon usage des mass-media en politique*, Éditions L'Harmattan Paris, 121 pages, 2016. (ISBN 978-2-343-07962-2), (EAN 9782343079622)

Les sites internet

– http://www.edilivre.com/la-communication-politique-utilites-et-difficultes-akin-saliou.html

– www.cepici.gouv.ci

– Canet, Raphaël. 16 mars 2004. « Qu'est-ce que la gouvernance ?». *Conférences de la Chaire MCD.* En ligne. http://www.chaire-cd.ca

– Alain Piveteau et Éric Rougier, « Émergence, l'économie du développement interpellée », *Revue de la régulation* [En ligne], n° 7 | 1er semestre 2010, mis en ligne le 3 juin 2010, URL :

– http://regulation.revues.org/index7734.html

– http://regulation.revues.org/index9120.html

– http://www.alternatives-economiques.fr/_fr_pub_106.html

– www.primaturecotedivoire.net

– www.africadiligence.com/moipresident-15-belles-citations-de-jeunes-leaders-africains-prises-par-hasard/

– www.laviedesidees.fr/Les-pays-emergents-performance-ou.html

– www.dakaractu.com

TABLE DES MATIÈRES

www.ingramcontent.com/pod-product-compliance
Lightning Source LLC
LaVergne TN
LVHW051405061026
849535LV00009B/3373